LET'S COOK ITALIAN
- a family cookbook -

Cuciniamo italiano
-Un ricettario di famiglia-

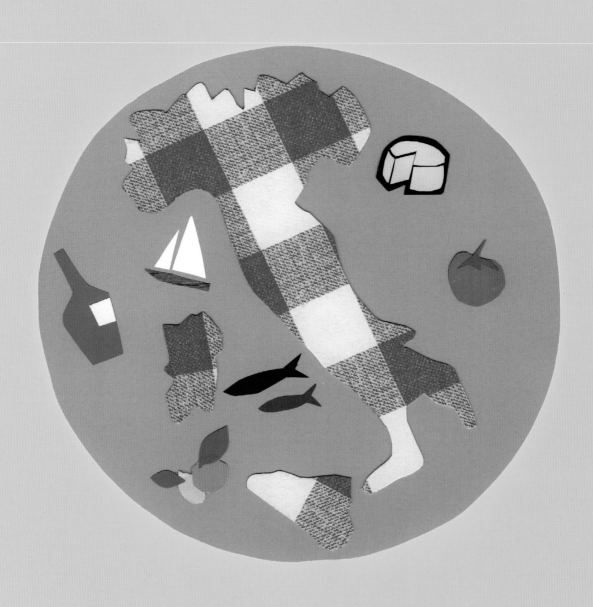

LET'S COOK
ITALIAN

- a family cookbook -

Cuciniamo italiano
-Un ricettario di famiglia-

ANNA PRANDONI / ILLUSTRATIONS BY **EMANUELA LIGABUE**

QUARRY

Quarto is the authority on a wide range of topics.

Quarto educates, entertains and enriches the lives of our readers—enthusiasts and lovers of hands-on living.

www.quartoknows.com

First published in the United States of America in 2016 by
Quarry Books, an imprint of
Quarto Publishing Group USA Inc.
100 Cummings Center
Suite 406-L
Beverly, Massachusetts 01915-6101
Telephone: (978) 282-9590
Fax: (978) 283-2742
QuartoKnows.com
Visit our blogs at QuartoKnows.com.

10 9 8 7 6 5 4 3 2 1

ISBN: 978-1-63159-063-4

Digital edition published in 2016
eISBN: 978-1-62788-331-3

Library of Congress Cataloging-in-Publication Data available

Design: Bunker
Translation: Licia Scarano Bester
Illustrations: Emi Ligabue

Printed in China

To all of my nieces and nephews,
both real and virtual: I hope that reading these pages
will inspire you to become passionate
about good home cooking.

A tutti i miei nipotini, reali e virtuali,
che leggendo queste pagine
si appassioneranno
alla buona cucina di casa.

Contents

8 **Introduction**

11 **Starters**
12 Cheese Focaccia
14 Veal in Tuna Sauce
16 My Pizza

19 **First Course**
20 Potato Gnocchi
22 Trenette Pasta with Genovese Pesto
24 Rice and Parsley
26 Saffron Risotto from Milano
28 Tuscan Tomato Bread Soup
30 Spaghetti Carbonara
32 Vermicelli with Tomato Sauce

34 **Vegetables**
36 Stuffed Zucchini
38 Peas with Italian Ham
40 Roasted Potatoes, Onions, and Tomatoes
42 Potato Croquettes

45 **Second Course**
45 Milanese Breaded Veal Chop
48 Devil's Chicken
50 Milk-Braised Veal Roast
52 Cod Marchigiana Style

54 Beef Rolls
56 Saltimbocca alla Romana
58 Steak *Pizzaiola*
60 Stockfish with Tomatoes and Potatoes
62 Meatballs in Tomato Sauce
64 Veal Chops *Valdostana*

67 **Desserts**
68 *Tiramisù*
70 Corn Bread
72 Heavenly Cake
74 Piedmontese Chocolate Pudding
76 Stuffed Peaches

79 **Snacks**
80 Bruschetta
82 Basil Frittata
84 Fried Mozzarella Sandwiches
86 Panelle (Chickpea Fritters)
88 Apple Fritters

91 **Menus**
92 **Index**
94 **Acknowledgments**
95 **About the Author**

Sommario

9   **Introduzione**

11 **Antipasti**
13 Focaccia al formaggio
15 Vitello tonnato
17 La mia pizza

19 **Primi piatti**
21 Gnocchi di patate
23 Trenette col pesto alla genovese
25 Ris e erborin (Riso e prezzemolo)
27 Risotto alla milanese
29 Pappa col pomodoro
31 Spaghetti alla carbonara
33 Vermicelli col pomodoro

34 **Verdure**
37 Zucchine ripiene
39 Piselli al prosciutto
41 Patate, cipolle e pomodori in forno
43 Crocchette di patate

45 **Secondi piatti**
47 Cotoletta alla milanese
49 Pollo alla diavola
51 Vitello al latte
53 Merluzzo alla marchigiana

55 Involtini di manzo
57 Saltimbocca alla romana
59 Costata alla pizzaiola
61 Piscistuoccu a missinisa
    (Stoccafisso con pomodoro e patate)
63 Polpette al sugo
65 Costolette alla valdostana

67 **Dolci**
69 Tiramisù
71 Pan de mej
73 Torta paradiso
75 Bunet (Budino alla piemontese)
77 Pesche ripiene

79 **Per Merenda**
81 Bruschetta
83 Frittata al basilico
85 Mozzarella in carrozza
87 Panelle
89 Frittelle di mele

91 **I menu**
92 **Indice**
94 **Ringraziamenti**
95 **Sull'autore**

Introduction

My mother despises cooking. She always has.

It is an old incomprehensible hate, and like all hates, it is absolute.

At our house, the oven was turned on for the first time when I, after various experiments with my Italian Easy-Bake Oven, insisted on preparing a dish of lasagna. I was already well into my teenage years. Imagine yourself spending your first fifteen years without an oven?

Yes, it was a difficult childhood.

Maybe that's why I now have two ovens in my kitchen and why cooking is my passion, as well as my job.

For years, I envied my friends who cooked with their mothers, who had those worn and slightly greasy notebooks, full of recipes and notes handwritten in pencil by who knows who, who knows when.

Consequently, I started one myself. And because I am a girl with delusions of grandeur, I thought that what I write for myself and my nieces who love cooking would also go well for readers who are hungry for both food and stories—all strictly Italian.

Because our Italian gastronomic tradition is boundless and beautiful, comprised of great products and ancient wisdom, it is really worth the effort to learn it!

You are holding the book of my family recipes, as well as my story. It includes tips for all future good home cooks who will want to challenge themselves with this exciting and endless passion—the great applied art that is cooking—while involving their kids as much as possible.

Maybe it will be for my mother, who will change her mind about cooking. And to the boundless emotion that a dish prepared and enjoyed by the whole family gives to who creates it.

Introduzione

Mia madre detesta cucinare, da sempre.

È un odio atavico, incomprensibile, e come tutti gli odi, è assoluto.

A casa nostra il forno è stato acceso per la prima volta quando io, dopo vari esperimenti con il Dolce Forno, ho imposto la preparazione di un piatto di lasagne. Ero già in età da ragione avanzata: vi immaginate passare i vostri primi quindici anni senza un forno?

Ebbene sì, un'infanzia difficile.

Forse è per questo che adesso di forni ne ho due e la cucina è la mia passione, oltre che il mio lavoro.

Ho invidiato per anni le mie amiche che cucinavano con la mamma, che avevano quei quaderni logori e un po' unti pieni di ricette e appunti scritti a mano a matita chissà da chi, chissà quando.

Allora, ho cominciato io. E siccome sono una bambina con manie di grandezza, ho pensato che ciò che scrivo per me e per la mia progenie

di nipotine innamorate della cucina, andrà bene anche per lettrici e lettori golosi di cibo e di storie, tutte rigorosamente italiane.

Perché la nostra tradizione gastronomica è sconfinata e meravigliosa, fatta di grandi prodotti e di sapienza antica, e vale davvero la pena di impararla!

Sarà il quaderno di ricette di famiglia, e la mia storia: consigli per tutte le future brave massaie che si vorranno cimentare con questa stimolante e infinita passione, coinvolgendo il più possibile i bimbi in questa grande arte applicata che è la cucina.

Forse per mia madre, che cambierà idea sui fornelli. E sulla sconfinata emozione che un piatto preparato e gustato da tutta la famiglia regala a chi lo crea.

Starters

Antipasti

Starters are the dishes with which we welcome guests in Italy.

Usually made with vegetables and delicate in flavor, starters open the palate to the meal that will follow. They are either cold or warm dishes, and they do not require a lot of effort to prepare.

In my house, in Lombardy, in the north of Italy near Milan, the traditional appetizer was a robust dish of locally made charcuteries, accompanied by the *brusco*, which is a vegetable vinaigrette preserved in white wine vinegar.

My dad still goes crazy for it today, and I battle with him for the last pickle to wrap with a beautiful slice of *coppa*. For this appetizer, which is literally called "Italian," you can't do without bread, bread sticks, and *focaccia*.

For children, this is a feast. This dish is informal, and everyone can draw from the platter tirelessly until it is finished. Children also love it because a delicious salami is sliced and eaten until only the peel remains!

L'antipasto è la portata con cui in Italia si accolgono gli ospiti.

Normalmente a base di verdure, di gusto leggero, serve ad aprire il palato al pasto che seguirà.

Spesso è un piatto freddo, o tiepido, e non richiede un grande impegno nella preparazione.

A casa mia, in Lombardia, nella parte nord dell'Italia vicino a Milano, l'antipasto per tradizione era un piatto molto ricco di salumi locali, accompagnati dal 'brusco', una sorta di pinzimonio di verdure conservato in aceto di vino bianco.

Mio padre ne va pazzo ancora oggi e io con lui lotto per l'ultimo cetriolino da avvolgere con una bella fetta di coppa. Per questo antipasto, chiamato 'all'italiana,' non possono mancare pane, grissini e focaccia.

Per i bimbi è una vera festa, perché questo piatto è informale e 'a sfinimento': si attinge tutti insieme dal piatto di portata e soprattutto si tagliano fette del mitico salamino finché non ne rimane solo la buccia!

Cheese Focaccia

Serves 4

Preparation time
20 minutes
+ rest time

Cooking time
15 minutes

Difficulty
Medium

Ingredients

› 12 ounces (350 g) all-purpose flour, (approximately 2 ¾ cups)
› 2 pinches fine sea salt, plus more to taste
› 6 ½ tablespoons (100 ml) lukewarm water
› ¼ cup (60 ml) extra-virgin olive oil
› 9 ½ ounces (270 g) crescenza*

*Crescenza, stracchino,** are Italian fresh, rindless cheeses made from whole cow's milk. You can buy them in specialty stores and online, but if you can't find them, you can substitute 6 ounces (170 g) cream cheese mixed with 3 ½ ounces (100 g) mascarpone, sour cream, or goat cheese.

LA FOCACCIA DI RECCO
(focaccia from the town of Recco)

Forget the sweet pastries, which have always been synonymous with breakfast in Italy, and start your day with a meal full of flavor, including a nice square of this delicious steaming and soft focaccia. In the Liguria region of Italy, you can buy focaccia on every corner, but it is easy to prepare at home, and you can enjoy it any time of the day.

With the Kids
The youngest can help stuff the focaccia with cheese. It will be fun for them to dollop piles of soft cheese on the dough. They'll enjoy watching the process of rolling out the dough, but I recommend you do that yourself, because the thinner the dough is, the more delicious your focaccia.

Mound the flour on a work surface and make a well in the center.

Dissolve 2 pinches of salt in the lukewarm water and pour into the well together with the oil.

Knead until you have an elastic, smooth, shiny dough ball, and place in a bowl, covered with a cloth, and let rest for about 1 hour.

Meanwhile, preheat the oven to 350°F (180°C, or gas mark 4).

Divide the dough into two halves, and roll out the first half very thin.

Oil a sheet pan.

Lay the dough on the oiled sheet pan. Sprinkle with teaspoon-size dollops of the cheese. Roll out the second half of dough and lay it over the cheese.

Close the focaccia along the edges by folding them onto themselves.

Pierce the surface of the dough with a fork, pour some more oil over the top, and finish with a pinch of salt.

Bake 15 minutes. Cut into slices and serve warm.

Cheese › *Formaggio*
Cup › *Tazza*
Knead › *Impastare*

Focaccia al formaggio

Persone 4

Preparazione
20 minuti
+ il riposo

Tempo di cottura
15 minuti

Difficoltà
Media

Ingredienti
› 350 g (12 once) di farina multiuso, appross. 2 ¾ tazze
› 2 pizzichi di sale fino, aggiungerne a piacere
› 100 ml (6½ cucchiai) di acqua tiepida
› 60 ml (¼ tazza) di olio extravergine d'oliva
› 270 g (9½ once) di *crescenza**

Crescenza, e/o **stracchino**, sono formaggi freschi italiani senza crosta a base di latte vaccino intero. È possibile acquistarli in negozi di specialità locali e online. Se non riesci a trovarli, è possibile sostituirli con 170 g (6 once) di crema di formaggio mescolato con 100 g (3½ once) di mascarpone, panna acida, o formaggio di capra.

LA FOCACCIA DI RECCO

Al bando il dolce, che in Italia è da sempre sinonimo di colazione, e via libera ad un primo pasto della giornata a tutto sapore, con un bel quadrato di questa delizia fumante e morbidissima. In Liguria si trova ad ogni angolo, ma è facile da preparare anche a casa, e gustare a qualsiasi ora della giornata!

Porre la farina a cratere su una spianatoia.

Far sciogliere 2 pizzichi di sale nell'acqua tiepida e versarla nel cratere insieme all'olio.

Impastare fino a far diventare il composto liscio ed omogeneo e poi lasciar riposare, in una ciotola coperta con un panno, per circa 1 ora.

Nel frattempo preriscaldare il forno a 180°C, (350°F o manopola del gas a 4).

Dividere l'impasto in due metà e stenderne una con il matterello.

Ungere una teglia da forno.

Tirare la sfoglia quasi a farne un velo e adagiarla sulla teglia sottile e unta. Distribuirvi la crescenza a tocchetti e coprire il tutto con la seconda metà di impasto tirato sottilmente.

Richiudere la focaccia lungo i bordi ripiegandola su se stessa.

Con una forchetta forare la superficie dell'impasto, versare un pò d'olio e completare con un pizzico di sale.

Infornare per 15 minuti. Tagliare a fette e servire calda.

Con i bimbi
Con l'aiuto dei più piccoli potrete farcire la focaccia con il formaggio, sarà divertente per loro distribuire mucchietti di morbido formaggio sulla sfoglia di pasta e godersi la fase di stesura, che invece raccomandiamo di fare voi stessi, perché più la sfoglia sarà sottile più la focaccia sarà gustosa!

Veal in Tuna Sauce

Celery > Sedano
Pot > Pentola
Tagliare > Cut

Serves 6 to 8

Preparation time
45 minutes

Cooking time
40 minutes

Difficulty
Medium

Ingredients
› 1 stalk celery, diced
› 1 carrot, diced
› 2 onions, finely chopped
› 1 clove garlic, unpeeled
› A few sprigs of fresh,
  flat-leaf parsley
› 2 cloves
› 2 dried bay leaves
› 3 juniper berries
› A few black peppercorns
› 1 veal tenderloin
  (28 ounces, or 800 g)

For the tuna sauce
› 3 egg yolks
› Tip of a teaspoon Dijon
  mustard
› Sea salt, to taste
› 2 cups, plus 5 teaspoons
  (500 ml) vegetable oil
› Juice of ½ lemon
› 1 can tuna in oil, 5½ ounces,
  or (160 g)
› 1 heaping tablespoon (15 g)
  salted capers, well rinsed
  (set 18 aside as a garnish)
› 5 anchovies in oil
› 6½ tablespoons (100 ml)
  dry white wine

TUNA SAUCE

Originally from Piedmont, this recipe is typical of my Saturday lunches. My version of *Vitello tonnato* is what a friend of my grandmother, Ms. Castiglioni, wrote for me on a slip of paper a lifetime ago. I've kept that paper in my wallet ever since. To enjoy it at its best, you need to drown the meat in tuna sauce and eat with lots of bread.

With the Kids
If you want a more rustic result, which I personally like a lot, rather than using a food processor, have the kids break up the tuna and capers with a fork until the ingredients are reduced to a smooth paste.

Fill a large pot with water, add the celery, carrot, onion, unpeeled garlic, parsley, and all of the spices.

Heat the mixture on high and as soon as it starts to boil, reduce the heat to a simmer and add the veal. Cook for about 40 minutes, or until the juices run light pink. Drain the veal from the water and let it cool on a plate.

Prepare the sauce by making a mayonnaise: Using an electric mixer, combine the egg yolks, the mustard, and a pinch of salt. Slowly drizzle in most of the oil until the sauce is silky and smooth. Add the lemon juice and finish with the remaining oil; keep refrigerated.

Drain the tuna and put it in a food processor with the capers, anchovies, and wine; process until creamy. Fold the tuna sauce into the mayonnaise carefully.

Cut the now cold veal into approximately 2 to 3 mm thin slices. Spread a thin layer of the tuna sauce on the plates and top with the slices of veal. Add more tuna sauce on top of the veal, without completely covering the slices, and garnish with the reserved capers.

Vitello tonnato

Persone 6/8

Preparazione
45 minuti

Tempo di cottura
40 minuti

Difficoltà
Media

Ingredienti
› 1 costa di sedano,
tagliata a tocchetti
› 1 carota, tagliata a tocchetti
› 2 cipolle, tagliate finemente
› 1 spicchio di aglio, in camicia
› Qualche gambo di prezzemolo
› 2 chiodi di garofano
› 2 foglie di alloro secco
› 3 bacche di ginepro
› Poche bacche di pepe nero
› 1 magatello di vitello
(28 once [800 g])

Per la salsa tonnata
› 3 tuorli d'uovo
› La punta di un cucchiaino
di senape
› Sale, a piacere
› 2 tazze, più 5 cucchiai
(500 ml) di olio di semi
› Succo di ½ limone
› 1 scatola di tonno sott'olio,
circa 5½ once (160 g)
› 1 cucchiaio colmo (15 g)
di capperi salati, ben
sciacquati (metterne da parte
18 per la guarnizione)
› 5 acciughe sott'olio
› 6½ cucchiai (100 ml)
di vino bianco secco

IL TONNATO

Di origine piemontese,
questa ricetta per me
rappresenta il sabato
a pranzo. La mia versione
del vitello tonnato è
quella che una vita
fa mi ha scritto su un
foglietto di carta un'amica
della nonna, la signora
Castiglioni, e che da
allora è piegata nel mio
portafoglio.
Per gustarlo al meglio
bisogna inondarlo di
salsa e mangiarlo con
chili di pane da 'pucciare'.
La carne? È quasi un
dettaglio.

In una pentola capiente colma d'acqua porre il sedano, la carota, le
cipolle, lo spicchio d'aglio, i gambi di prezzemolo e tutti gli aromi.

Appena comincerà a bollire, ridurre la fiamma e inserire nella pentola
il magatello di vitello fino a che, bucandolo con un ago, il liquido
non risulterà rosa chiaro: ci vorranno circa 40 minuti. Scolare la
carne dall'acqua e lasciarla raffreddare su un piatto.

Nel frattempo preparare la maionese unendo ai tuorli d'uovo la
senape, il sale e lavorare il tutto con un frullino elettrico versando
a filo e poco alla volta l'olio di semi fino ad ottenere una salsa
liscia ed omogenea. Sgrassare la maionese aggiungendo il succo
di limone e completare la preparazione unendo il rimanente olio;
conservare al fresco.

In un cutter frullare il tonno privato del suo olio con i capperi, le
acciughe, il vino bianco ed aggiungere la crema ottenuta alla
maionese amalgamando il tutto con cura.

Tagliare la carne ormai fredda a fette dello spessore di 2/3 mm circa,
nappare la superficie dei piatti con la salsa tonnata ed adagiare le
fette su di essa. Porre al centro della carne ancora poca salsa senza
coprire completamente le fette e guarnire con qualche cappero
conservato.

Con i bimbi
Se volete un risultato
più rustico, che a me
personalmente piace molto,
invece di tritare tutto potete
semplicemente farli divertire
a sminuzzare con la forchetta
il tonno e i capperi, finché si
riducono a crema.

My Pizza

**PIZZA:
A SYMBOL
OF MY COUNTRY**

There is no better, healthy, tasty and practical recipe than this one. It is, by far, my favorite. I prepare it every Sunday afternoon, allowing hours for the dough to rise.

With the Kids
Divide the dough into smaller pieces and let everyone one make his or her own personal mini pizza.

¶ **Serves** 4

Preparation time
20 minutes
+ 2 ½ hours
of rising

Cooking time
20 minutes

Difficulty
Medium

Ingredients

For the dough
› 3 teaspoons (15 g) yeast
› 1 to 1 ¼ cups (250 to 300 ml) warm water
› 9 ounces (250 g) all-purpose flour, approximately 2 cups
› 9 ounces (250 g) semolina, approximately 1½ cups
› 2 teaspoons (10 g) fine sea salt
› 4 teaspoons (20 ml) extra-virgin olive oil + some extra to brush dough

For the topping
› 17 ½ ounces (500 g) tomato purée
› 2 tablespoons (30 ml) extra-virgin olive oil
› Fine sea salt, to taste
› Dried oregano, to taste, preferably Sicilian
› 2 mozzarella cheese balls (9 ounces [250 g])
› 10 anchovy fillets

Oil a sheet pan. Dissolve the yeast in the water.

Mound the flours with a well in the center on a work surface and add the yeast water. Knead for 10 minutes, adding the salt and the oil. (This can also be done in a mixer fitted with a hook attachment.)

Oil the surface of the dough, place in a bowl, cover with plastic wrap, and let rise in a warm place for about 1 ½ hours.

To make the topping, in a bowl, season the tomato puree with the 2 tablespoons of oil, salt, and oregano to taste.

Slice the mozzarella and then dice it.

Stretch the dough onto the prepared sheet pan. Pour the tomato sauce over it and let it rise again for about 1 hour.

Preheat the oven to 425°F (220°C, or gas mark 7) and bake the pizza for about 12 minutes. Remove the pan from the oven and add the anchovies and mozzarella.

Reduce the heat to 375°F (190°C, or gas mark 5). Return the pizza to the oven and bake for another 8 minutes.

Remove from the oven and finish, to taste, with a drizzle of extra-virgin olive oil.

La mia pizza

Persone 4

Preparazione
20 minuti
+ 2 ore ½
di lievitazione

Tempo di cottura
20 minuti

Difficoltà
Media

Ingredienti

Per l'impasto
› 3 cucchiaini (15 g) di lievito
› 1 a 1¼ tazza (250/300 ml) di acqua tiepida
› 9 once (250 g) di farina multiuso, appross. 2 tazze
› 9 once (250 g) di semola, appross. 1½ tazza
› 2 cucchiaini (10 g) di sale fino
› 4 cucchiaini (20 ml) di olio extravergine d'oliva + conservarne un po' per ungere l'impasto

Per condire
› 17 ½ once (500 g) di passata di pomodoro
› 2 cucchiai di olio extravergine d'oliva
› Sale fino, a piacere
› Origano, preferibilmente siciliano
› 2 mozzarelle (9 once [250 g])
› 10 filetti di acciughe

Flour > Farina
Tablespoon > Cucchiai
Preheat > Preriscaldare

Con i bimbi
Dividere l'impasto in più parti e lasciare che ognuno si dedichi alla sua mini pizza personale.

LA PIZZA: UN SIMBOLO DEL MIO PAESE

Non c'è ricetta più buona, sana, gustosa e pratica di questa. È, in assoluto, la mia preferita. La preparo ogni domenica pomeriggio, lasciando il tempo al panetto di lievitare per ore.

Ungere una teglia da forno. Sciogliere bene il lievito nell'acqua tiepida.

Versare sulla spianatoia le farine a fontana, al centro aggiungere il lievito e l'acqua. Impastare bene per dieci minuti, aggiungendo il sale e l'olio. (Questa operazione si può fare anche con un'impastatrice dotata di frusta a gancio).

Lasciare lievitare la pasta ben unta per circa 1 ora e ½ in luogo tiepido, coprendo con la pellicola.

Passare alla farcitura. Condire la passata di pomodori con 2 cucchiai di olio, sale e origano.

Affettare la mozzarella e tagliarla a cubetti.

Stendere la pasta su una teglia da forno bassa ben unta d'olio, versare la passata di pomodori e lasciare lievitare ancora per circa 1 ora.

Preriscaldare il forno a 220°C (425°F, o manopola del gas a 7) e cuocere la pizza per circa 12 minuti.

Estrarre la teglia da forno e aggiungere le acciughe e la mozzarella. Proseguire la cottura per altri 8 minuti a 190°C (375°F, o manopola del gas a 5).

Sfornare e completare, a piacere, con un filo d'olio extravergine a crudo.

First Course
Primi piatti

First courses have always been the center of our meals on our peninsula. At lunch or dinner at least once a day, we can't do without a first course at our dining table. For us Italians, it is the equivalent of a family meal. For me, the first course is a moment of absolute gastronomic enjoyment.

Everyone has his or her own favorite first course, and in every family there is the daily battle for whose favorite pasta will be served. I love small ridged penne pasta, because I think they are best at collecting sauce, and they retain their chew. I always choose handmade pasta cooked at a low temperature and extruded through bronze cutters, produced with Italian grain with no added gluten. It is a bit more difficult to maintain its chew, but it gives you moments of unique and unparalleled pleasure.

Two errors typical of non-Italians that you need to learn to avoid: Pasta is not a side dish of anything; it is a dish and it has its own self-dignity. And it must be eaten with some chew left in it, which in the south of Italy means practically raw, and in the North of Italy is slightly softer, but never gummy or coming apart.

Apoteosi dell'italianità, i primi piatti sono da sempre il centro dei pasti nella nostra penisola. A pranzo o a cena, almeno una volta al giorno, non può mancare sulla nostra tavola 'il primo'. Per noi italiani è l'equivalente del pranzo in famiglia, per me è un momento di godimento gastronomico assoluto.

Ciascuno ha la sua preferita, e in ogni famiglia c'è la lotta quotidiana per chi avrà nel piatto la 'sua' pasta. Io adoro le penne rigate, perché ritengo che siano perfette per raccogliere il sugo al meglio e mantengono la loro callosità. Scelgo sempre una pasta artigianale cotta a bassa temperatura e trafilata al bronzo, prodotta con grani italiani senza aggiunta di glutine. È un po' più difficile da mantenere 'al dente', ma vi regala momenti di golosità unici e inimitabili.

Due errori tipici da italians che dovete imparare ad evitare: La pasta non è il contorno di nulla; è un piatto ed ha la sua propria dignità. E si mangia rigorosamente 'al dente': al sud significa praticamente cruda, al nord un po' più morbida, ma mai sfatta e molliccia!

Potato Gnocchi

Egg > Uovo
Pound > Libber
Wash > Lavare

GNOCCHI

In Italian, there's a saying that goes "Thursday gnocchi," but do not ask me why, I do not know.

With the Kids
Gnocchi are one of the most appreciated recipes by kids, both when they prepare them with great skill and when they savor them after so much labor.

Serves 4

Preparation time
90 minutes

Cooking time
5 minutes

Difficulty
Medium

Ingredients
› 1⅓ pounds (600 g) potatoes
› 1 cup (160 g) Italian 00 flour
› 1 egg
› Nutmeg, to taste
› Sea salt, to taste
› 4½ ounces (120 g) grated Parmigiano Reggiano cheese
› ⅓ cup (80 g) melted butter

Wash the potatoes, put them in a pot with lots of salted water, and boil. (The cooking time varies, depending on the size of the potatoes: about 40 minutes for medium-size potatoes.)

Drain the potatoes, peel them, and pass them through a food mill. Set aside to cool.

Combine the potatoes, flour, egg, nutmeg, and salt to taste in a medium bowl, kneading well until the dough is smooth and soft. Roll the dough into long "snakes" as thick as a finger.

Align the rolls next to each other, and with a knife sprinkled with flour, cut the rolls into rectangular pieces.

On the back side of a box cheese grater or using the tines of a fork, compress the gnocchi with a slight push.

Cook the gnocchi in boiling salted water, for a few minutes, until they float to the surface.

Remove the gnocchi from the water, usig a skimmer and place in an oiled baking dish, to prevent sticking.

Cover with the cheese and butter.

Gnocchi di patate

Persone 4

Preparazione
90 minuti

Tempo di cottura
5 minuti

Difficoltà
Media

Ingredienti
› 1⅓ libbre (600 g) di patate
› 1 tazza (160 g) di farina bianca 00
› 1 uovo
› Noce moscata
› Sale
› 4½ once (120 g) di parmigiano reggiano grattugiato
› ⅓ tazza (80) g di burro sciolto

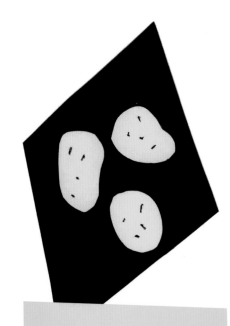

Lavare le patate, porle in una pentola con abbondante acqua salata e farle bollire. (Il tempo di cottura varia a seconda della loro grossezza, per patate medie sono sufficienti 40 minuti.)

Scolarle, sbucciarle e passarle al passaverdure a fori medi. Lasciarle intiepidire.

In un recipiente di media grandezza, amalgamare tutti gli ingredienti: patate, farina, uovo, noce moscata e sale, maneggiando bene la pasta fino a renderla compatta e morbida; ricavare dei lunghi "serpentelli" dello spessore di un dito.

Allineare i "rotoli" uno accanto all'altro, tagliare a dadi rettangolari con un coltello cosparso di farina.

Sul rovescio di una grattugia da formaggio o usando i rebbi di una forchetta comprimere lo gnocco con una leggera spinta.

Cuocerli in abbondante acqua salata bollente: sono cotti in un paio di minuti, quando affiorano in superficie.

Usando una schiumarola toglierli dall'acqua e porli in una pirofila unta, per evitare che si attacchino.

Cospargerli di formaggio e di burro.

GLI GNOCCHI

In Italia un detto dice 'giovedì gnocchi', ma non chiedetemi perché, lo ignoro!

Con i bimbi
Che meraviglia impastare le patate con la farina e creare i filoncini che poi diventeranno deliziose pallotte rigate dalla forchetta! Gli gnocchi sono una delle preparazioni più apprezzate dai piccoli, sia quando li preparano con grande maestria, sia quando li assaporano dopo tanto lavoro.

Trenette

Pasta with Genovese Pesto

Serves 4

Preparation time
30 minutes

Cooking time
30 minutes

Difficulty
Medium

Ingredients
- 2 ounces (60 g) green beans, approximately ½ cup
- 2 potatoes
- 1 clove garlic, green germ removed
- 40 leaves Ligurian basil (about 2 bunches), or other fresh basil, washed and dried
- Coarse sea salt
- 1 tablespoon (9 g) pine nuts
- 1 ounce (30 g) grated Pecorino Sardo cheese, or other Pecorino cheese
- 1 ounce (30 g) grated Parmigiano Reggiano cheese, plus more for garnishing
- 6 tablespoons (90 ml) extra-virgin olive oil
- 12 ounces (350 g) trenette pasta (a narrow, long, flat shape of pasta similar to linguine)

Clean, trim, and cut the green beans into 1½-inch (4 cm) pieces. Peel and dice the potatoes into 1¼-inch (3 cm) cubes.

In a large pot, bring salted water to a boil and add the vegetables.

Meanwhile, prepare the pesto. To a mortar, add the garlic and basil leaves, along with a few grains of salt. Grind the ingredients by moving the pestle in a circular motion along the walls. Then add the pine nuts and both cheeses, and finally, one drop at time, the oil, until you have a cream. (As an alternative to the mortar, you can use a blender. However, cool the glass container in the freezer in advance so the pesto won't overheat and consequently turn black. Proceed as with the mortar and pestle, blending until you have a thick cream.)

When the vegetables are almost cooked (about 25 minutes), add the pasta. Drain the pasta and vegetables when the pasta is *al dente*, setting aside a small ladleful of the cooking water. Separately dilute the pesto in this water.

Place the vegetables and pasta in a serving bowl and dress with the pesto. Complete with a sprinkling of grated Parmigiano Reggiano cheese. Stir and serve.

PESTO

Pesto is certainly one of the main recipes typical of Liguria, and it's known throughout the rest of the peninsula and beyond Italian borders. The main ingredient is Genovese basil. Its fragrance recalls the saltiness of the sea. It has a delicate aroma without any hint of mint. While it is very rare to obtain elsewhere, in Liguria it is found fresh at market stalls tied up and sold in bunches.

With the Kids
Try growing *Ocimum basilicum L.* from seeds on your balcony.

Green Beans > *Fagiolini Verdi*
Leaves > *Foglie*
Peel > *Pelare*

First Course

Trenette
col pesto alla genovese

Persone 4

Preparazione
30 minuti

Tempo di cottura
30 minuti

Difficoltà
Media

Ingredienti
› 60 g di fagiolini verdi, approssimativamente ½ tazza
› 2 patate
› 1 spicchio di aglio, privarlo dell'anima verde
› 40 foglie di basilico ligure (all'incirca 2 mazzetti), o altro basilico fresco, lavato e asciugato
› Sale grosso
› 1 cucchiaio (9 g) di pinoli
› 1 oncia (30 g) di pecorino sardo grattugiato o altro tipo di pecorino
› 1 oncia (30 g) di parmigiano reggiano grattugiato, conservarne per la guarnizione del piatto
› 6 cucchiai (90 ml) di olio extravergine di oliva
› 12 once (350 g) di trenette

Pulire, mondare e tagliare a pezzetti di circa 1½ pollice (4 cm) i fagiolini. Pelare e tagliare a tocchetti di 1¼ pollice (3 cm) le patate.

In una pentola capace portare a bollore abbondante acqua salata e unirvi le verdure.

Nel frattempo, preparare il pesto. All'interno del mortaio porre l'aglio e le foglie di basilico e qualche grano di sale. Pestare gli ingredienti muovendo il pestello in senso rotatorio lungo le pareti. Aggiungere successivamente i pinoli e i formaggi, e per ultimo, goccia a goccia, l'olio fino ad ottenere una crema. (In alternativa al mortaio è possibile utilizzare un frullatore. Per questo procedimento far preventivamente raffreddare il bicchiere del frullatore in freezer in modo che il composto non si scaldi e non annerisca. Procedere come con il mortaio, frullando fino ad ottenere una crema densa.)

A cottura quasi ultimata delle verdure (circa 25 minuti) aggiungere la pasta. Scolare al dente, lasciando da parte un mestolino di acqua di cottura. Diluirvi a parte il pesto.

Porre in un piatto da portata le verdure e la pasta e condire con il pesto. Completare con una spolverata di parmigiano grattugiato. Mescolare e servire.

IL PESTO

È certamente una delle tipicità principali della Liguria, ed è conosciuta in tutto il resto della penisola, nonché oltre i confini italiani. Ingrediente principe è il "basilico genovese", che racchiude oli essenziali d'eccellenza e la sua fragranza richiama la salsedine marina. Ha profumo delicato privo di sentore di menta. Sulle bancarelle liguri si trova legato in "mazzi" freschi, mentre è rarissimo reperirlo altrove.

Con i bimbi
Io ho tentato una coltivazione da balcone con i semi di "Ocimum basilicum L."

Rice and Parsley

RICE IN BROTH

When I'm feeling a little
under the weather and we
are approaching the cold
season, a nice plate of this
dish from my childhood
will immediately make
me happy. The rice in
broth can be interpreted
as "hospital food," but
prepared in this manner, it
is concentrated goodness.

With the Kids
Add *lots* of grated *Grana Padano* cheese. The tasty cheese balls that form with the heat of the broth are a real treat.

Parsley > *Prezzemolo*
Butter > *Burro*
Kitchen > *Cucina*

Serves 4

Preparation time
5 minutes

Cooking time
20 minutes

Difficulty
Easy

Ingredients
› ⅔ cup (40 g) parsley
› 4¼ cups (1 L) beef broth
› 7 ounces (200 g) Italian Arborio rice (or similar)
› 1½ tablespoons (20 g) butter
› ¾ ounce (20 g) grated Grana Padano cheese

Wash and finely chop the parsley leaves.

Bring the broth to a boil. Add the rice and cook, stirring occasionally.

When the rice is cooked, (depending on the type, it will take 16 to 20 minutes), remove from heat and stir in the parsley and butter.

Mix well, pour into a bowl, and add the cheese.

Ris e erborin
Riso e prezzemolo

Persone 4

Preparazione
5 minuti

Tempo di cottura
20 minuti

Difficoltà
Facile

Ingredienti
› ⅔ tazza (40 g) di prezzemolo
› 4 ¼ tazze (1 L) di brodo di carne
› 7 once (200 g) di riso Arborio (o simile)
› 1½ cucchiaio (20 g) di burro
› ¾ once (20 g) di formaggio grana grattugiato

Lavare e tritare finemente solo le foglie del prezzemolo.

Mettere sul fuoco una casseruola con il brodo e portare a bollore. Unire il riso e cuocere mescolando di tanto in tanto.

Quando il riso è cotto (a seconda della tipologia, servono da 16 a 20 minuti), togliere dal fuoco e incorporarvi il prezzemolo e il burro.

Mescolare bene, versare nella zuppiera e accompagnare con il grana.

RISO IN BRODO

Quando sono un po' giù e si avvicina la stagione fredda, un bel piatto di questo concentrato di infanzia mi rende subito più felice! Il riso in brodo può essere interpretato come 'cibo da ospedale', ma preparato in questo modo è un concentrato di bontà di cui farete difficilmente a meno.

Con i bimbi
Aggiungete *tantissimo* grana grattugiato con cui giocare col cucchiaio mentre lo mangiate. Quelle palline saporite che si formeranno con il calore del brodo sono una vera delizia!

Saffron Risotto
from Milano

Serves 4

Preparation time
15 minutes

Cooking time
20 minutes

Difficulty
Easy

Ingredients
› 2 ½ tablespoons (25 g) finely chopped onion
› ¼ cup (60 g) butter, divided
› 10 ½ ounces (300 g) vialone rice,
  or other rice for risotto such as Carnaroli
› 6 ½ tablespoons (100 ml) white wine
› 4 ¼ cups (1 L) beef broth
› ½ teaspoon saffron threads
› 2 ounces (60 g) grated Grana Padano cheese
  (or Parmigiano Reggiano cheese)
› Sea salt, to taste

Heat the broth over high heat to boiling in a pot.

Sauté in a saucepan the onion with 1 tablespoon (14 g) of the butter for 6 to 7 minutes, until the onion is well cooked but not colored.

Add the rice and toast it, stirring with a wooden spoon, for 2 minutes.

Add the wine and let it evaporate, for 2 minutes.

Cook the rice, basting it occasionally with the boiling broth while continuing to stir with a wooden spoon. The cooking time will depend on the type of rice used. For the *vialone* 16 minutes will be enough.

In a small cup, dissolve the saffron in some of the hot broth.

Halfway through the cooking, add the saffron dissolved in broth to the rice.

When the risotto is cooked, add the remaining butter and the cheese and mix well, stirring with a spoon in a clockwise direction and shaking the pan back and forth. Taste and add salt if necessary. Allow to stand for 1 minute, and then serve.

RISOTT GIALD
(Yellow Rice)

This is the dish *par excellence* of Lombardy's traditional cuisine. Soft and creamy, with an intense sunny color and unmistakable flavor, it expertly mixes the tradition of the rice fields of the Po Valley with the Arabic influences of the Renaissance.
You must be fearless in the amount of butter used. In the north of Italy, butter is its true wealth, and it creates that "wave" consistency that will win you over.

With the Kids
I remember my grandfather holding me close to him while preparing risotto to keep time and to tell him when to move on to the next step. With the maniacal precision of a child, I prevented him from rushing, and the risotto was always perfect.

Onions > *Cipolle*
Salt > *Sale*
Spoon > *Cucchiaio*

Risotto alla milanese

Persone 4

Preparazione
15 minuti

Tempo di cottura
20 minuti

Difficoltà
Facile

Ingredienti
› 2 ½ cucchiai (25 g) di cipolle finemente tagliate
› ¼ tazza (60 g) di burro, diviso
› 10 ½ once (300 g) di riso Vialone
  o altro riso per risotti come Carnaroli
› 6 ½ cucchiai (100 ml) di vino bianco
› 4 ¼ tazze (1 L) di brodo di carne
› 2 bustine di zafferano (o ½ cucchiaio di steli di zafferano)
› 2 once (60 g) di grana grattugiato
› Sale, a piacere

In una casseruola fare rosolare la cipolla con 1 cucchiaio (14 g) di burro a fuoco basso, per 6/7 minuti finché la cipolla sia ben cotta ma non colorita.

Aggiungere il riso e farlo tostare rimestando con un cucchiaio di legno per 2 minuti.

Bagnare con il vino e farlo evaporare per 2 minuti.

Cuocere il riso bagnando di tanto in tanto con il brodo bollente e continuando a rimestare con un cucchiaio di legno. Il tempo di cottura dipende dalla tipologia di riso, per il vialone bastano 16 minuti.

Sciogliere lo zafferano in una tazzina di brodo.

A metà cottura incorporare lo zafferano sciolto nel brodo.

A cottura ultimata unire il restante burro e il formaggio e mantecare bene, mescolando con il cucchiaio in senso orario e scuotendo la pentola avanti e indietro. Assaggiare e aggiungere sale se necessario.

Lasciare riposare per 1 minuto e servire.

RISOTT GIALD
(risotto giallo)

È il piatto per eccellenza della tradizione gastronomica lombarda. Morbido e cremoso, di un colore solare e intenso e dal sapore inconfondibile, mixa sapientemente la tradizione delle risaie della pianura padana con le influenze arabe rinascimentali. Nessuna paura nel dosare il burro: nel nord Italia è la vera ricchezza, e crea quella consistenza 'all'onda' che vi conquisterà.

Con i bimbi
Io ricordo che il nonno mi teneva accanto a sé mentre lo preparava, per tenergli il tempo e dirgli quando passare alla fase successiva. Con la precisione maniacale dei piccoli gli impedivo di avere fretta, e il risotto era sempre perfetto.

Tuscan Tomato Bread Soup

With the Kids
To drain and de-seed tomatoes is a satisfying activity, which can easily be entrusted to the dynamic little hands of children. Then, the stirring, breaking it all up with a wooden spoon, standing on a chair in front of the stove (with strict adult supervision!) is quite a joy.

PAPPA AL POMODORO

I learned to appreciate this soup as an adult, because in my family it was not a usual dish. Today I serve it often, because it is tasty yet very simple, and it's universally appreciated by guests. If you want to respect the tradition, you have to prepare it in a glazed terra-cotta pot, typical of central Italy, in which you make all slow-cooking recipes.

Serves 4 to 6

Preparation time
15 minutes

Cooking time
60 minutes

Difficulty
Medium

Ingredients
› 2 ¼ pounds (1 kg) ripe tomatoes
› 6 ½ ounces (100 ml) olive oil, plus more for drizzling at the end
› 12 ounces (350 g) old bread
› 6 ⅓ cups (1½ L) broth
› 4 cloves garlic, chopped
› 30 basil leaves
› Sea salt, to taste
› Black pepper, to taste

Wash, core, and de-seed the tomatoes and chop them. In a saucepan thinly coated with oil, cook the tomatoes over medium heat, for 15 minutes. Once the tomatoes are cooked, strain them through a sieve.

Slice the bread and toast the slices in the oven.

In a saucepan, heat the broth, and then add the tomato sauce, the toasted bread, the remaining oil, the garlic, the basil, and salt and pepper to taste. Cook, stirring, until the bread comes apart and the sauce is thick, about 45 minutes. This soup is served either hot or cold, topped with a good drizzle of oil.

Pappa col pomodoro

Persone 4/6

Preparazione
15 minuti

Tempo di cottura
60 minuti

Difficoltà
Media

Ingredienti
› 2 ¼ libbre (1 kg) di pomodori maturi
› 6 ½ once (100 ml) di olio d'oliva,
  conservarne per il condimento finale
› 12 once (350 g) di pane raffermo
› 6 ⅓ tazze (1 ½ L) di brodo
› 4 spicchi di aglio, tritato
› 30 foglie di basilico
› Sale, a piacere
› Pepe nero, a piacere

Lavare, spezzettare e privare dei semi i pomodori, quindi porli
a cuocere a fuoco medio in una casseruola velata d'olio per
15 minuti. A cottura ultimata passarli al setaccio.

Affettare il pane raffermo e tostarlo in forno.

Scaldare il brodo, poi aggiungere la salsa, il pane tostato,
il restante olio, l'aglio, il basilico, il sale e il pepe. Cuocere
mescolando finché il pane non sarà spappolato e il sugo
asciutto: circa 45 minuti. Questa minestra si serve sia calda che
fredda, condita con una buona spruzzata d'olio d'oliva.

PAPPA AL POMODORO

Ho imparato ad
apprezzarla da grande,
perché da noi non era una
preparazione consueta,
ma adesso la servo
spesso, perché è gustosa
ma semplicissima,
e universalmente
apprezzata da qualsiasi
tipo di ospite. Se volete
rispettare la tradizione
dovete prepararla nel
coccio, una pentola di
terracotta smaltata tipica
del centro Italia con la
quale si realizzano tutte le
ricette a lenta cottura.

Con i bimbi
Eliminare acqua e semi
dai pomodori è attività di
soddisfazione, che potrà
essere facilmente affidata alle
manine piccole e dinamiche
dei più piccoli. E poi, via di
mescolamento: spappolare
il tutto con il cucchiaio di
legno, in piedi su una sedia
davanti ai fornelli (con la rigida
supervisione di un adulto!) è
una gioia non da poco.

Spaghetti Carbonara

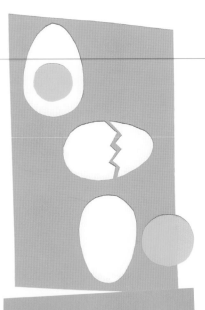

Serves 4

Preparation time
30 minutes

Cooking time
20 minutes

Difficulty
Medium

Ingredients
› 3 fresh egg yolks
› Sea salt, to taste
› Black pepper, to taste
› 2 ½ ounces (70 g) grated Parmigiano Reggiano cheese
› 1 clove garlic
› 3 ½ tablespoons (50 ml) extra-virgin olive oil
› 5 ¼ ounces (150 g) smoked pancetta, diced
› ½ cup (120 ml) dry white wine
› 14 ounces (400 g) spaghetti

In a bowl, beat the egg yolks, season with salt, pepper, add the cheese, mix well, and set aside.

In a skillet, sauté the garlic with the oil, until the garlic is golden and softened, and then remove it from the skillet.

Add the *pancetta* to the skillet and sauté for a few minutes. Add the wine, let it evaporate, and remove the skillet from the heat.

Meanwhile, bring a large pot of salted water to a boil, cook the pasta until *al dente* (about 8 minutes), drain, and pour into a warm serving bowl. Quickly dress the spaghetti with the sautéd *pancetta*, garlic oil sauce, and the egg yolk cheese cream. Stir well and serve immediately.

CARBONARA

For me, Carbonara is the recipe of an empty refrigerator. Three eggs and a few cubes of *pancetta* are always available, just as is a good piece of cheese. In an instant, dinner is ready!

With the Kids
At home, in the evening before dinner, I suffered from this torture a thousand times: "Anna, grate the cheese!" Now when I do it, I cannot help but think of those moments of domestic intimacy, family, my mom and dad, and the first responsibility as a child. With my work, I participated in the making of dinner, albeit reluctantly, but I felt useful and grown up. I assure you that for this recipe, you need to grate a lot of cheese.

Spaghetti alla carbonara

Persone 4

Preparazione
30 minuti

Tempo di cottura
20 minuti

Difficoltà
Media

Ingredienti
› 3 tuorli d'uova fresche
› Sale, a piacere
› Pepe nero, a piacere
› 2½ once (70 g) di parmigiano grattugiato
› 1 spicchio di aglio
› 3½ cucchiai (50 ml) di olio extravergine di oliva
› 5¼ once (150 g) di pancetta affumicata, tagliata a dadini
› ½ bicchiere (120 ml) di vino bianco secco
› 14 once (400 g) di spaghetti

In una terrina, sbattere i rossi d'uovo con il sale, il parmigiano e il pepe; mescolare bene e conservare da parte.

In una padella far soffriggere lo spicchio d'aglio con l'olio; lasciarlo imbiondire e quindi toglierlo dalla padella.

Aggiungere nella padella la pancetta affumicata e lasciarla soffriggere per qualche minuto. Bagnare con il vino bianco, farlo evaporare e togliere la padella dal fuoco.

A parte far bollire una ampia pentola d'acqua salata e, al bollore, lessare la pasta 'al dente' (circa 8 minuti di cottura), scolare e versare in un piatto da portata già caldo. Condire rapidamente gli spaghetti con il soffritto e la crema di rossi d'uovo. Mescolare bene e servire subito.

CARBONARA

Per me, la carbonara è la ricetta di quando non c'è nulla in frigo: due uova e qualche cubetto di pancetta non mancano mai, come un bel pezzo di grana. E in un attimo, la cena è pronta!

Con i bimbi
Mi hanno inferto questa tortura mille volte, a casa, la sera prima di cena. "Anna, grattugia il formaggio!". Adesso quando lo faccio non posso fare a meno di pensare a quei momenti di intimità domestica, di famiglia, di mamma e papà e delle prime responsabilità di bambina. Partecipavo con il mio lavoro alla realizzazione della cena e, seppur di malavoglia, mi sentivo utile e grande. Vi assicuro che per questa ricetta bisogna grattugiare un sacco di formaggio.

Yolks › *Tuorli*
Recipe › *Ricotta*
Dinner › *Cena*

Vermicelli
with Tomato Sauce

Serves 4

Preparation time
10 minutes

Cooking time
8 minutes

Difficulty
Easy

Ingredients
› 1 onion, chopped
› 6½ tablespoons (100 ml) extra-virgin olive oil
› 17½ ounces (500 g) plum tomatoes
› Sea salt, to taste
› 1 bunch basil
› 14 ounces (400 g) vermicelli pasta
› Grated Parmigiano Reggiano cheese, for garnish

PASTA WITH TOMATO SAUCE

For me, along with pizza, Pasta with Tomato Sauce is the emblem of a true Italian dinner table. Curiously, both this recipe and pizza are the gastronomic version of our national flag (green, white and red). Could it be just a coincidence?

With the Kids
To teach the little ones to appreciate simple flavors is one of the first steps in making them knowledgeable gourmands. To do so, however, they must at least participate in the preparation of the basil leaves, which should be picked, washed, dried very well, and torn by hand so they don't turn black.

In a saucepan, sauté the onion in the oil.

Quarter the tomatoes lengthwise, core, and de-seed them. When the onion begins to brown, add the tomatoes, stir well, add salt to taste, and cover the pan. Cook for 8 to 10 minutes. As it cooks, if necessary, add a little water.

Using your hands, tear the basil leaves, reserving a few whole ones for a garnish later, and add them to the tomato sauce once cooked.

Heat a large pot of water and, when it reaches a boil, add salt and the pasta. Cook the pasta until *al dente*.

Drain the pasta thoroughly and add it to the saucepan with the tomato sauce. (Thanks to the heat from the stove, the pasta will absorb all of the flavors well.)

Serve with a sprinkling of grated cheese and a few of the reserved whole basil leaves.

Vermicelli col pomodoro

Persone 4

Preparazione
10 minuti

Tempo di cottura
8 minuti

Difficoltà
Facile

Ingredienti
› 1 cipolla, tritata
› 6 ½ cucchiai (100 ml) di olio extravergine d'oliva
› 17 ½ once (500 g) di pomodori da sugo
› Sale, a piacere
› 1 mazzetto di basilico
› 14 once (400 g) di vermicelli
› Parmigiano grattugiato, per guarnire

Green > *Verde*
Basil > *Basilico*
Onion > *Cipolla*

In una casseruola, soffriggere la cipolla in olio.

Tagliare i pomodori a filetti e togliervi i semi; quando la cipolla comincerà a colorire, aggiungere i pomodori, mescolare bene, salare e coprire la casseruola. Cuocere per 8-10 minuti. Se necessario, bagnare con poca acqua.

Spezzettare con le mani le foglie di basilico tenendo da parte qualche foglia intera e aggiungerla ai pomodori a fine cottura.

Mettere sul fuoco una capace pentola di acqua e quando raggiungerà il bollore, salare e lessarvi la pasta, tenendola al dente.

Scolarla ben asciutta e porla nella pentola del sugo, in modo che la pasta si insaporisca bene, con il calore del fornello.

Servire con una spolverata di parmigiano grattugiato e qualche foglia di basilico intera.

PASTA AL SUGO

Per me, pasta al sugo è l'emblema vero dell'italianità a tavola, insieme alla pizza. Curiosamente, sia questa preparazione che la pizza sono anche la versione gastronomica della nostra bandiera nazionale (verde, bianco e rosso): che non sia solo un caso?

Con i bimbi
Far imparare ai più piccoli ad apprezzare i sapori semplici è uno dei primi passi per farli diventare dei golosi consapevoli. Per farlo, però, devono almeno partecipare alla pulizia del basilico, che va lavato, asciugato perfettamente e poi spezzettato a mano perché non annerisca.

Vegetables
Verdure

I admit it: I was a little girl who was horrified by vegetables. Every time my mother prepared vegetable soup, it was a family tragedy, because I despised that brothy mess. Not to mention salad: I never understood why it was necessary to eat it.

When you grow up though, you learn to appreciate vegetables, and now I eat a lot of them. In fact, sometimes I go out and buy vegetables on purpose so I can eat a whole lot of them.

But children must be aided by wise mothers who know how to disguise vegetables in other dishes, making even vegetables kid friendly. That's what I tried to do here when I chose the recipes for this section: flavorful and tasty, with the vegetables well camouflaged.

As always, if you let children participate in preparing a dish, they will be more likely to try it.

Lo ammetto: sono stata una bambina a cui le verdure facevano proprio orrore. Ogni volta che la mamma preparava il minestrone era una tragedia familiare, perché io detestavo quella brodaglia. Per non parlare dell'insalata: non ho mai capito perché fosse necessario mangiarla.

Quando si cresce si impara ad apprezzare anche la verdura, e oggi ne mangio tantissima, anzi a volte la vado a comprare apposta per potermene fare una bella scorpacciata.

Ma da piccoli, bisogna essere aiutati da mamme sagge, che sanno come camuffare la verdura dentro ad altri piatti, rendendo anche gli ortaggi dei buoni amici dei bimbi. E' questo che ho cercato di fare scegliendo le ricette di questa sezione: tanto gusto, tanta bontà, con le verdure ben mimetizzate.

Come sempre, se farete partecipare anche i bambini alla realizzazione del piatto, saranno più propensi ad assaggiarlo.

Stuffed Zucchini

Vegetables > Verdure
Bowl > Terrina
Stir > Mescolate

STUFFED VEGETABLES

Italy is full of stuffed vegetable recipes, and each region has its own version. Prepared this way, they are particularly appreciated because baking makes them tasty, and the ham with tomatoes make them even more inviting. If you like, you can enrich the filling with cheese, herbs, or sausage.

With the Kids
Have them create the zucchini boats by digging into them with the help of a spoon or a melon baller.

Serves 4

Preparation time
2 ¼ hours

Cooking time
1 ½ hour

Difficulty
Medium

Ingredients

› 8 zucchini
› 1⅓ cups (70 g) of white bread crumbs
› 7 ounces (200 ml) milk
› 5 ½ ounces (160 g) ground beef
› 1 egg
› 2 ounces (50 g) grated Parmigiano Reggiano cheese
› 3 ½ ounces (100 g) prosciutto cotto (Italia cooked ham), diced
› Sea salt, to taste
› Black pepper, to taste
› Extra-virgin olive oil
› ½ onion, chopped
› 2 tablespoons (10 g) fresh parsley, chopped
› 1 ½ ounces (40 g) concentrated tomato paste
› Country bread for serving

Preheat the oven to 320°F (160°C, or gas mark 3).

Wash and peel the zucchini, dry them, cut them in half lengthwise, and then use a melon baller to scoop out the center pulp. Discard the pulp.

In a bowl, soften the bread crumbs in the milk.

In another bowl, mix the ground beef, egg, cheese, the bread crumbs slightly softened with the milk, and the *prosciutto cotto*. Season with salt and pepper. Stir well to mix everything together and fill the zucchini shells with this filling.

Heat a shallow baking dish equipped with a lid on the stove with a little olive oil. Sauté the onion in it, and then add the parsley.

In a glass, dilute the tomato paste with a little bit of warm water.

When the onions have softened, add the diluted tomato paste, season with salt and pepper, and allow to simmer for a few minutes.

Add the zucchini to the baking dish, aligning them in a single row. Bring the liquid to a boil, cover the baking dish, and bake for about 60 minutes, until the sauce is rich and thick, adding water if necessary. Serve hot with slices of country bread.

Zucchine ripiene

Persone 4

Preparazione
2 ore ¼

Tempo di cottura
1 ora ½

Difficoltà
Media

Ingredienti
› 8 zucchine
› 1⅓ tazza (70 g) di mollica di pane bianco
› 7 once (200 ml) di latte
› 5½ once (160 g) di carne trita di manzo
› 1 uovo
› 2 once (50 g) di parmigiano grattugiato
› 3½ once (100 g) di prosciutto cotto, tagliato a dadini
› Sale, a piacere
› Pepe nero, a piacere
› Olio extravergine d'oliva
› ½ cipolla, tritata
› 2 cucchiai (10 g) di prezzemolo tritato
› 1 ½ once (40 g) di concentrato di pomodoro
› Pane casereccio da servire

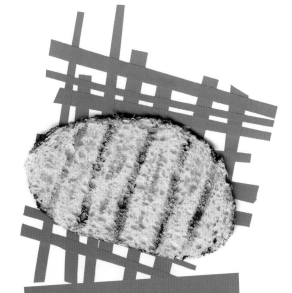

Preriscaldare il forno a 160°C (320°F, o manopola del gas a 3).

Lavare e mondare le zucchine, asciugarle, dividerle a metà, e svuotarle della polpa con uno scavino.

In una terrina, ammorbidire la mollica del pane.

Impastare in un' altra terrina la carne trita, l'uovo intero, il parmigiano, la mollica del pane leggermente ammorbidita con il latte, il prosciutto, il sale e il pepe. Mescolate bene per amalgamare perfettamente il composto e con esso riempire le zucchine.

In una teglia bassa che vada in forno e sia provvista di coperchio, rosolare sul fornello in poco olio mezza cipolla, aggiungere il prezzemolo.

In un bicchiere con poca acqua tiepida stemperare il concentrato di pomodoro.

Quando tutto sarà imbiondito, aggiungere il concentrato stemperato, salare, pepare e lasciar sobbollire per qualche minuto.

Allineare le zucchine, nella teglia, in una sola fila, riportare ad ebollizione, coprire e cuocere in forno per 60 minuti circa, aggiungendo acqua se necessario e fino a che il sugo sia abbondante e denso. Servire calde con fette di pane casereccio.

VERDURE RIPIENE

L'Italia è piena ricette di verdure ripiene, e ciascuna regione ha la sua versione. Preparate in questo modo sono apprezzate particolarmente perché la cottura in forno le rende saporite e il prosciutto con pomodoro le fanno ancora più invitanti. Se vi piace, potete arricchire il ripieno con formaggio, erbe aromatiche o salsiccia.

Con i bimbi
Creare le barchette di zucchina, scavandole con l'aiuto di un cucchiaio o di uno scavino.

Peas with Italian Ham

PEAS

The combination of peas and prosciutto is a true classic of the cuisine of my country. This preparation is often also used to flavor a dish of pasta with the addition of heavy cream that acts as a creamy sauce. It's a real treat!

With the Kids
Cleaning and shelling fresh garden peas is a perfect afternoon family activity. Simply place a bunch of fresh garden pea pods in the middle of the table, and while chatting everyone helps to shell them.

Peas > Piselli
Side Dish > Contorno
Serve > Servire

🍴 **Serves** 4

🍶 **Preparation time**
1 hour

🍲 **Cooking time**
30 minutes

👨‍🍳 **Difficulty**
Easy

Ingredients
› 2 ¼ pounds (1 kg) fresh garden peas or canned peas
› 5 ½ ounces (150 g) slice of *prosciutto* or *pancetta* (in one piece)
› 1 onion, finely chopped
› ¼ cup (50 g) butter, divided
› 1 to 2 tablespoons (15 to 28 ml) water
› Sea salt, to taste

Shell the garden peas and wash them.

Dice the prosciutto, separating the fat from the lean part. Separately, finely chop the fat and the lean parts.

In a saucepan, sauté the onion and the fat of the prosciutto with 2 tablespoons (25 g) of the butter, over low heat.

Allow the onion to soften, and then add the peas together with the water. Season with salt. Cook on low heat for about 10 minutes.

Add the remaining 2 tablespoons (25 g) of butter and the diced lean prosciutto and finish cooking.

Serve as a side dish with a roast or a frittata.

Vegetables

Piselli al prosciutto

🍴 **Persone** 4/6

🍵 **Preparazione**
1 ora

🍲 **Tempo di cottura**
30 minuti

👨‍🍳 **Difficoltà**
Facile

Ingredienti
› 2 ¼ libbre (1 kg) di piselli freschi teneri o piselli in barattolo
› 5 ½ once (150 g) di prosciutto crudo o pancetta, in un'unica fetta
› 1 cipolla, finemente tritata
› ¼ tazza (50 g) di burro, diviso
› 1 a 2 cucchiai (da 15 a 28 ml) di acqua
› Sale, a piacere

Sgranare i piselli e lavarli.

Tagliare a cubetti il prosciutto, separando la parte grassa dalla parte magra. Separatamente, tagliare finemente le parti grasse e le parti magre.

In una casseruola, soffriggere la cipolla e la parte grassa del prosciutto con 2 cucchiai (25 g) di burro, a fuoco lento.

Lasciar appassire la cipolla e aggiungere i piselli con l'acqua. Salare. Cuocere a fuoco dolce per circa 10 minuti.

Unire i restanti 2 cucchiai (25 g) di burro e la parte magra del prosciutto e terminare la cottura.

Servire come contorno di un arrosto o di una frittata.

PISELLI

L'accoppiata piselli e prosciutto è un vero e proprio classico della cucina del mio Paese, e questa preparazione viene spesso usata anche per condire un piatto di pasta, con l'aggiunta della panna liquida che fa da cremina: una vera delizia!

Con i bimbi
Pulirli, da freschi, è una attività perfetta per i pomeriggi in famiglia. Semplicemente mettere un mazzo di piselli in mezzo al tavolo e – mentre si chiacchiera – le mani di tutti aiutano per la pulizia.

Roasted Potatoes,

Onions, and Tomatoes

Potatoes > *Patate*

Water > *Acqua*

Refrigerator > *Frigorifero*

With the Kids

When making this dish, you can play "empty the fridge." In my home, we remove the two produce drawers from the refrigerator and decide which vegetables to use for the recipe. Then one person washes, another slices, and a third mixes everything and adds the aromatics.

LA PADELLATA

It's called "pan dish" or "sheet pan vegetables," and the concept behind this dish is simple. I cut all of the vegetables I have available into large cubes, and then I put them together with some oil and aromatics in a baking dish and roast them in the oven until they are soft and succulent.

Serves 4

Preparation time
10 minutes

Cooking time
60 minutes

Difficulty
Easy

Ingredients
› 2 white onions
› 2 ¼ pounds (1 kg) potatoes
› 17 ½ ounces (500 g) tomatoes
› 3 tablespoons (45 ml) extra virgin olive oil
› Sea salt, to taste
› 1 ½ tablespoons (5 g) dried oregano, preferably Sicilian
› 7 ounces (200 ml) water
› 2 ounces (50 g) grated pecorino cheese

Preheat the oven to 340°F (170°C, or gas mark 3)

Cut the onions into thin slices. Peel the potatoes and cut into ½-inch (1 cm) thick slices.

Wash and chop the tomatoes and place all the vegetables in a baking dish.

Add the oil, season with salt and oregano, add the water, and cover with the cheese.

Roast for 1 hour, until the ingredients are soft and the surface is golden brown.

Serve in slices with the accompaniment of boiled rice or bread cut into thick slices.

Patate, cipolle e pomodori
in forno

Persone	**Ingredienti**
4	› 2 cipolle bianche
	› 2 ¼ libbre (1 kg) di patate
Preparazione	› 17 ½ once (500 g) di pomodori
10 minuti	› 3 cucchiai (45 ml) olio extravergine d'oliva
	› Sale, a piacere
Tempo di cottura	› 1 ½ cucchiaio (5 g) di origano, preferibilmente siciliano
60 minuti	› 7 once (200 ml) di acqua
	› 2 once (50 g) di pecorino grattugiato
Difficoltà	
Facile	

Preriscaldare il forno a 170°C (340°F, o manopola del gas a 3).

Tagliare a fette sottili le cipolle. Sbucciare le patate e tagliarle a
   fette di 1/2 pollice (1 cm).

Lavare e spezzettare i pomodori; unire olio, sale, origano
   e un bicchiere d'acqua.

Mettere tutte le verdure in una teglia e cospargerle
   di formaggio grattugiato.

Cuocere per 1 ora fino a quando gli ingredienti saranno morbidi
   e la superficie ben dorata.

Servire a fette con l'accompagnamento di riso bollito
   o pane a fette spesse.

LA PADELLATA

Si chiama 'padellata'
o 'verdure in teglia',
e il concetto che sta
dietro questo piatto è
semplicissimo: taglio
tutte le verdure che ho
a disposizione a cubotti,
le metto con dell'olio e
qualche aroma in una
teglia e le cuocio in forno
finché non sono morbide
e succulente.

Con i bimbi
Intanto si può giocare allo
'svuota-frigo'. A casa mia si
estraggono dal frigorifero i
due cassetti delle verdure e si
decide che cosa usare per la
ricetta. Poi una persona lava,
un'altra affetta, e una terza
mischia tutto e aromatizza.

Potato Croquettes

Eggs > *Uova*
Bread Crumbs > *Pangrattato*
Fry > *Friggerli*

CROCCHÈ

A staple of deep-fry, take-out shops, these delights stuffed with cheese are perfect as a side dish to a beautiful fried cutlet, but they are also good on their own as a vegetarian dish to enjoy in the evening with a nice salad on the side, which helps counter the fried fat.

With the Kids
Is there anything more fun to do than making some long snakes of potatoes and then cutting them into dumplings? I assure you there is not!

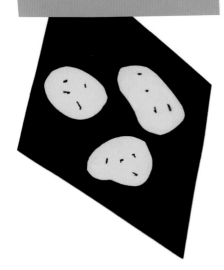

Serves 4

Preparation time
25 minutes

Cooking time
30 minutes

Difficulty
Medium

Ingredients
› 17 ½ ounces (500 g) baby potatoes
› 2 eggs, separated
› 2 tablespoons (25 g) butter
› Sea salt, to taste
› 1 ounce (25 g) Italian cooked ham, chopped
› ⅓ cup (20 g) fresh parsley, chopped
› 1 ounce (25 g) caciocavallo* cheese, chopped
› 1 ounce (25 g) grated pecorino cheese, or other grated cheese
› White flour
› Bread crumbs
› Peanut oil, for frying
› Black pepper, to taste

Wash the potatoes without peeling them, put them in a saucepan, cover them with cold water, bring to a boil, and then boil for 30 minutes.

Drain the potatoes, peel, return them to the saucepan, and mash them. Add the egg yolks, stirring vigorously.

Cook the potatoes and yolks over low heat for a few minutes, add the butter, season with salt, and then remove from the heat.

In a bowl, combine the ham, parsley, *caciocavallo* cheese, pepper, and *pecorino* cheese. Add the mixture to the potatoes.

Allow the mixture to cool before you prepare the dumplings.

When the mixture is cool, with some dough, form a loaf, and then cut it into about 2-inch (5 cm) long pieces.

Place some flour in a shallow dish, the egg whites in a second shallow dish, and some bread crumbs into a third shallow dish.

Dust the dumplings with flour, dip them in the egg whites, and then in the bread crumbs. Fry them in hot oil, drain them on paper towels, and place them on a hot plate. Season with salt and pepper and serve.

*Caciocavallo is a southern Italian cow's milk cheese, similar to mozzarella and provolone which can be used alternatively in this recipe. You can buy it in specialty stores and online.

Crocchette di patate

🍴 **Persone** 4

🍳 **Preparazione**
25 minuti

🍲 **Tempo di cottura**
30 minuti

👨‍🍳 **Difficoltà**
Media

Ingredienti

- 17 ½ once (500 g) di patate novelle
- 2 uova, separate
- 2 cucchiai (25 g) di burro
- Sale, a piacere
- 1 oncia (25 g) di prosciutto cotto, tritato
- ⅓ tazza (20 g) di prezzemolo, tritato
- 1 oncia (25 g) di caciocavallo* tritato
- 1 oncia (25 g) di pecorino grattugiato o altro formaggio da grattugiare
- Farina bianca
- Pangrattato
- Olio di arachide per friggere
- Pepe nero, a piacere

Lavare le patate senza pelarle, porle in una casseruola, cuocerle coperte di acqua fredda per 30 minuti dall'ebollizione.

Scolare le patate, pelarle, riporle nella casseruola, e passarle allo schiacciapatate. Unire i tuorli mescolando con forza.

Porre su fuoco dolce per qualche minuto le patate e le uova, e unire il burro, salare e spegnere il fornello.

In una terrina mescolare il prosciutto, prezzemolo, caciocavallo, pepe e pecorino. Aggiungere il composto alle patate.

Lasciare raffreddare il composto.

Quando il composto è raffreddato, prima si forma un filoncino con un po' di impasto, e poi si taglia a tocchetti di circa 2 pollici (5 cm).

Mettere la farina in un piatto fondo, l'albume delle uova in un secondo piatto fondo, e del pangrattato in un terzo piatto fondo.

Infarinare gli gnocchetti, passarli negli albumi e poi nel pangrattato. Friggerli in olio ben caldo, scolarli, passarli su carta assorbente e porli su un piatto caldo. Salare, pepare e servire.

*__Il caciocavallo__ è un formaggio di latte di mucca prodotto nel Sud, simile alla mozzarella e al provolone, che possono essere usati come alternative in questa ricetta. Puoi comprarlo in negozi di specialità locali e online.

CROCCHÈ

Cibo tipico da friggitoria, queste delizie ripiene di formaggio sono perfette come contorno di una bella milanese, ma sono anche sufficienti da sole come piatto vegetariano da gustare una sera con una bella insalata al fianco, che aiuta a sgrassare il fritto.

Con i bimbi
C'è qualcosa di più divertente di fare dei lunghissimi serpenti di patate e poi tagliarli per ottenere degli gnocchetti? Vi assicuro di no!

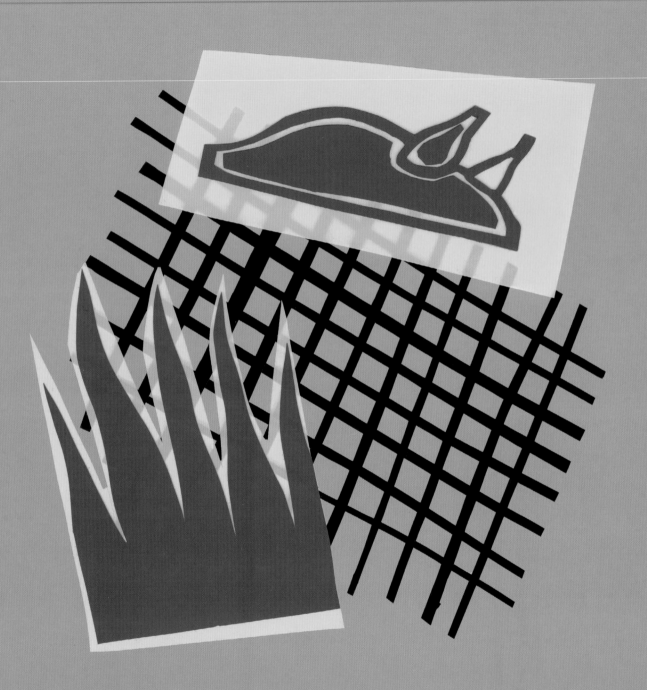

Second Course
Secondi piatti

In Italy, the second course of meat or fish is the heart of the meal. It is prepared with great care because the entire meal will be judged based on this course. The recipes I chose for this chapter are a mix of what was usually served at my grandmothers' houses and what I have learned to make after getting to know my husband and my mother-in-law's Sicilian cuisine. These dishes offer a real tour of Italy in the plate that pays homage to all the different identities of my country.

Of course, these recipes are all suitable for children, and they are dishes that kids can appreciate and help cook. After all, what kids love is also loved by adults most of the time, who, by eating meatballs, rolls, roasts, or chicken will return to feelings of their own childhood just through the simple, evocative power of the palate.

Carne o pesce, in Italia il secondo piatto è per eccellenza il centro nevralgico del pasto e si prepara con grande attenzione perché è da quello che si darà il giudizio finale sul menu. Le ricette che ho scelto per questo capitolo sono una commistione tra quello che abitualmente si serviva a casa delle mie nonne e quello che ho imparato a preparare dopo aver conosciuto mio marito e la cucina siciliana di mia suocera. Queste pietanze offrono un vero e proprio giro d'Italia nel piatto, per rendere omaggio a tutte le differenti identità del mio Paese.

Naturalmente, sono ricette adatte ai bimbi e che da loro possono essere apprezzate e cucinate: in fondo, quello che loro amano è quasi sempre amato anche dagli adulti che mangiando polpette o involtini, arrosto o pollo, ritorneranno all'infanzia col solo potere evocativo del palato.

Milanese Breaded Veal Chop

Serves 4

Preparation time
10 minutes

Cooking time
10 minutes

Difficulty
Medium

Ingredients
› 4 bone-in veal chops, fat removed
› 2 eggs, beaten
› ½ cup (120 ml) milk
› 7 ounces (200 g) white bread, grated and sieved to use as bread crumbs (do not use olive bread, old bread, or over-baked bread)
› 3½ ounces (100 g) clarified butter or extra-virgin olive oil
› Salt

Pound the veal until ¼- to ½-inch (½ to 1 cm) thick.

In a shallow dish, mix the eggs and milk.

Place the bread crumbs into a second shallow dish.

Dip the veal in the eggs and then in the bread crumbs.

In a large pan over medium heat, cook the veal in the clarified butter or oil for 3 to 4 minutes on each side, until the veal is golden brown and crispy on the outside but still soft and tender in the center.

Drain the veal on paper towels and season with salt. Serve immediately.

COTOLETTA

One of the symbols of the city of Milan, *Cotoletta* is a favorite recipe of kids, who appreciate it even if prepared with chicken, maybe in a nice sandwich. I loved it cold, to take on a trip between two slices of crusty bread. You can also use pork loin.

Cold › *Freddo*
Milk › *Latte*
Butter › *Burro*

Cotoletta alla milanese

Persone 4

Preparazione
10 minuti

Tempo di cottura
10 minuti

Difficoltà
Media

Ingredienti
› 4 costolette di vitello prive di grasso
› 2 uova, sbattute
› ½ tazza (120 ml) di latte
› 7 once (200 g) di pane bianco (tipo michetta) grattugiato e setacciato (non utilizzare pane all'olio, pane raffermo o molto cotto)
› 3 ½ once (100 g) di burro chiarificato o olio extravergine d'oliva
› Sale

Battere leggermente le costolette per avere uno spessore di circa ¼-½ di pollice (½ a 1 cm).

In un piatto fondo sbattere le uova e il latte.

Mettere il pangrattato in un secondo piatto fondo.

Passare le costolette nell'uovo, e poi nel pane grattugiato.

Cuocerle a fuoco medio in una padella capace con il burro chiarificato, o olio, per 3-4 minuti circa per lato, finchè diventano ben dorate e croccanti all'esterno ma ancora morbide e tenere al centro.

Passarle nella carta assorbente e salarle. Servire subito.

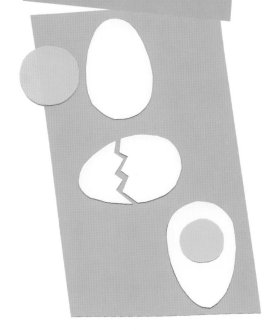

LA COTOLETTA

Uno dei simboli della città di Milano, la *cotoletta* è una tra le ricette preferite dai bambini, che la apprezzano anche se preparata con carne di pollo, magari in un bel panino. Io l'adoravo fredda, da portare in gita tra due fette di pane croccante.

Devil's Chicken

CHICKEN

In Italy, chickens are sold ready for pickup from street trucks equipped with special ovens that have rotating spits with many chickens on them. But prepared at home, and well-greased by the youngest, this will be a dish you'll never want to give up! It is traditionally accompanied by lemon wedges and a salad.

Serves 4

Preparation time
30 minutes

Cooking time
45 minutes

Difficulty
Easy

Ingredients
› 1 spring chicken (about 2⅔ pounds [1.2 kg])
› ¼ cup (60 ml) extra-virgin olive oil
› Sea salt, to taste
› Black pepper, to taste
› 6½ tablespoons (100 ml) white wine

Preheat the oven to 325°F (170°C, or gas mark 3). Place a wire rack over a sheet pan.

Butterfly the chicken and flatten it with a meat pounder, without breaking the bones. Place the chicken on top of the wire rack that's over the sheet pan that will collect the juices and fat.

In a bowl, make a sauce with the oil, salt, and pepper and brush the chicken with it.

Bake the chicken, basting occasionally with a little white wine, for about 45 minutes.

Pollo alla diavola

Persone 4

Preparazione
30 minuti

Tempo di cottura
45 minuti

Difficoltà
Facile

Ingredienti
› 1 pollo novello (circa 2⅔ libbre [1,2 kg])
› ¼ tazza (60 ml) olio extravergine d'oliva
› Sale, a piacere
› Pepe nero, a piacere
› 6½ cucchiai (100 ml) di vino bianco

Preriscaldare il forno a 170°C (325°F, o manopola del gas a 3). Disporre una gratella su una leccarda.

Tagliare a metà il pollo ben pulito e appiattirlo col batticarne senza frantumare le ossa. Disporlo sulla gratella posta sopra la leccarda del forno che raccoglierà i liquidi e il grasso.

In una terrina, fare un intingolo con olio d'oliva, sale e pepe e ungervi il pollo.

Cuocerlo bagnando ogni tanto con poco vino bianco, per 45 minuti circa.

POLLO

In Italia i polli vengono venduti già pronti da camioncini provvisti di forni speciali che fanno ruotare su spiedi tantissimi polli insieme. Ma preparato in casa, e unto ben bene dai più piccoli, sarà un piatto irrinunciabile! Si accompagna tradizionalmente con fette di limone e insalata.

Chicken › Pollo
Lemon › Limone
Preheat › Preriscaldare

Milk-Braised Veal Roast

 Serves 4

 Preparation time
15 minutes

 Cooking time
60 minutes

 Difficulty
Medium

Ingredients
› 2 ¼ pounds (1 kg) veal roast
› 3 cloves garlic, finely chopped
› ¼ cup (50 g) butter or extra-virgin olive oil
› 7 ounces (200 ml) dry white wine
› 13 ½ ounces (400 ml) milk
› Sea salt, to taste

MILK-BRAISED ROAST

Enjoy this dish with a side salad and lots of bread to collect the sauce. Checking on the veal's cooking can be done by the children. They must pay attention to keeping the right level of liquid, which is a must for cooking the veal really perfectly. You can also use pork loin.

Garlic › Aglio
Strainer › Colino
Sauce › Sugo

Cover the veal with the garlic.

In a large pan, melt the butter and place the veal in it. Brown the veal well over low heat for 7 minutes. When the veal has been browned, add the wine and continue cooking, over low heat, until all of the alcohol has completely evaporated.

Add the milk, little by little, season with salt and cover.

Cook for about 40 minutes, turning the meat over often and keeping the heat low.

Once cooked, cut the veal into medallions and arrange them on a serving dish.

Using a strainer, strain the sauce and pour it over the veal.

Vitello al latte

Persone 4

Preparazione
15 minuti

Tempo di cottura
60 minuti

Difficoltà
Media

Ingredienti
› 2 ¼ libbre (1 kg) di arrosto di vitello
› 3 spicchi di aglio, finemente tritati
› ¼ tazza (50 g) di burro o olio extravergine d'oliva
› 7 once (200 ml) di vino bianco secco
› 13 ½ once (400 ml) di latte
› Sale, a piacere

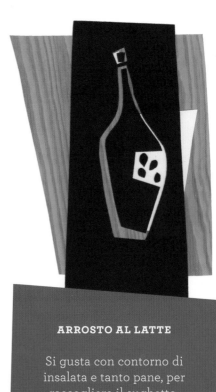

Cospargere la carne con l'aglio.

In una padella larga, soffriggere il burro e collocarvi l'arrosto. Farlo rosolare bene a fuoco basso per 7 minuti; quando sarà colorito versarvi il vino bianco, continuare la cottura, sempre a fiamma lenta, finché tutto l'alcool sarà interamente evaporato.

Aggiungere, poco a poco, il latte, salare e coprire.

Cuocere per 40 minuti circa. Girare spesso la carne e mantenere il fuoco basso.

Una volta cotta, tagliare la carne a medaglioni, disporli su un piatto di portata.

Usando un colino, filtrare il sugo e irrorarli.

ARROSTO AL LATTE

Si gusta con contorno di insalata e tanto pane, per raccogliere il sughetto. E controllarne la cottura sarà compito dei più piccoli, che dovranno prestare attenzione al mantenimento del livello di liquido, condizione indispensabile per una cottura davvero al punto.

Cod Marchigiana Style

Serves 4

Preparation time
20 minutes

Cooking time
20 minutes

Difficulty
Medium

Ingredients
› 17 ½ ounces (500 g) fresh cod, bones removed
› 14 ounces (400 g) ripe tomatoes
› 2 cloves garlic
› Extra-virgin olive oil
› Sea salt, to taste
› Black pepper, to taste
› White flour
› 1 handful chopped fresh parsley

Cod > Merluzzo
Fish > Pesce
Red > Rosso

FISH AND TOMATO

Fish and tomatoes are a winning combination of the cuisine of central Italy, especially in the Marche region, where the red of tomato sauce is always matched with sumptuous dishes of seafood. With its white flesh, children will appreciate the cod. They'll thoroughly enjoy removing all of the bones before cooking.

Cut the cod into uniform pieces and pat dry.

Peel, de-seed, and chop the tomatoes; chop the garlic also.

Heat a saucepan with a little oil and when hot, add the tomatoes, season with salt and pepper, and cook for 5 minutes.

Add the minced garlic and cook the sauce over medium heat for 15 minutes.

Place the flour into a shallow dish. Dredge the cod in the flour, and then fry in hot oil, until the cod is golden and well cooked.

Place the cod on paper towels to drain. Then place it on a serving dish, cover with the sauce, sprinkle with the parsley, and serve.

Merluzzo alla marchigiana

Persone 4

Preparazione
20 minuti

Tempo di cottura
20 minuti

Difficoltà
Media

Ingredienti
› 17 ½ once (500 g) di merluzzo fresco, diliscato
› 14 once (400 g) di pomodori maturi
› 2 spicchi d'aglio
› Olio extravergine d'oliva
› Sale, a piacere
› Pepe nero, a piacere
› Farina bianca
› 1 manciata di prezzemolo tritato

Tagliare il merluzzo a pezzi regolari e asciugarli tamponando.

Pelare e togliere i semi ai pomodori e tritarli; tritare anche l'aglio.

Porre sul fuoco una casseruola con poco olio e appena sarà caldo mettervi i pomodori, salare, pepare, cuocere per 5 minuti.

Unire l'aglio tritato e cuocere il sugo a fuoco moderato per 15 minuti.

Mettere la farina in un piatto fondo. Passare nella farina i pezzi di merluzzo e friggerli in abbondante olio bollente finché saranno ben cotti e dorati.

Posarli su carta assorbente. Poi accomodarli su un piatto di portata, coprirli con la salsa, spolverare con prezzemolo, e servire.

PESCE E POMODORO

Pesce e pomodoro sono un'accoppiata vincente della cucina del centro Italia, specialmente nelle Marche, dove ai sontuosi piatti di mare è sempre abbinato il rosso della salsa. Il merluzzo, con la sua carne bianca, è molto apprezzato dai piccoli che si divertiranno a togliere per bene tutte le spine, prima della cottura.

Beef Rolls

BEEF ROLLS

Tasty and inviting,
you can't help eating
these rolls!

With the Kids
With their log shape and the toothpick, Beef Rolls are a kid's favorite. Rolling up and securing the beef slices with toothpicks will be a task to be entrusted entirely to them who will make dozens of them to eat with gusto.

Serves 4

Preparation time
20 minutes

Cooking time
15 minutes

Difficulty
Medium

Ingredients
› 24 slices (about 8 ½ ounces [240 g]) raw beef, sliced paper thin
› 1 to 2 tablespoons (5 g) aromatic herbs, such as parsley, thyme, rosemary, and marjoram
› 2 cloves garlic, chopped, divided
› ¾ ounce (20 g) grated Pecorino cheese
› Sea salt, to taste
› Black pepper, to taste
› 1 egg, beaten
› 1 cup (100 g) dried bread crumbs
› ¼ cup (40 g) pine nuts, chopped
› 6 ½ tablespoons (100 ml) extra-virgin olive oil, divided
› 2 cups (100 g) baby salad greens
› A few drops balsamic vinegar

Sprinkle the beef with the herbs, half of the garlic, and the *Pecorino*. Season with salt and pepper.

Place the egg in a shallow dish.

Mix the bread crumbs and pine nuts in a second shallow dish.

Bread the beef by dredging it in the egg and then in the bread crumbs mixture. Roll up and secure the beef rolls with small wooden toothpicks.

In a saucepan, heat half of the oil and sauté the remaining half of the garlic. Sear the beef rolls over high heat, for about 3 minutes. Season with salt and pepper.

Serve with salad greens dressed with the remaining oil and vinegar.

Involtini di manzo

Persone 4

Preparazione
20 minuti

Tempo di cottura
15 minuti

Difficoltà
Media

Ingredienti
› 24 fette (circa 8½ once [240 g]) di manzo tipo carpaccio
› 1-2 cucchiai (5 g) erbe aromatiche, come prezzemolo, timo, rosmarino e maggiorana
› 2 spicchi d'aglio tritati, divisi
› ¾ oncia (20 g) pecorino grattato
› Sale, a piacere
› Pepe nero, a piacere
› 1 uovo sbattuto
› 1 tazza (100 g) pane grattugiato
› ¼ tazza (40 g) pinoli, tritati
› 6½ cucchiai (100 ml) olio extravergine di oliva, diviso
› 2 tazze (100 g) insalate novelle
› Qualche goccia aceto balsamico

Condire le fettine di carne con le erbe aromatiche, metà aglio e il pecorino. Salare e pepare.

Mettere l'uovo in un piatto fondo.

Mescolare il pane grattugiato e i pinoli in un secondo piatto fondo.

Impanare passando la carne nell'uovo e poi nel composto di pane grattugiato. Arrotolare e infilzare gli involtini di carne utilizzando piccoli stecchini di legno.

In una padella, riscaldare metà olio e far soffriggere il restante aglio. Rosolare gli spiedini a fuoco vivace per 3 minuti circa. Salare e pepare.

Servire con insalate novelle condite con il restante olio e aceto.

INVOLTINI DI MANZO

Saporitissimi e invitanti, non riuscirete più a fare a meno di mangiarli!

Con i bimbi
Gli involtini, con la loro forma e lo stecchino, sono uno dei piatti preferiti dai piccoli. Arrotolare e infilare negli stecchini sarà un'attività da affidare totalmente a loro, che ne faranno a decine e li mangeranno con tanta voglia.

Slices > *Fette*
Beef > *Manzo*
Vinegar > *Aceto*

Saltimbocca alla Romana

Serves 4

Preparation time
25 minutes

Cooking time
10 minutes

Difficulty
Medium

Ingredients
> 17 ½ ounces (500 g) veal (20 slices)
> Sea salt, to taste
> Black pepper, to taste
> 10 sage leaves, halved
> 20 slices prosciutto
> ½ cup (100 g) butter

Veal > *Vitello*
Sage > *Salvia*
Pound > *Battere*

SALTIMBOCCA

Succulent and tasty, these champions of Roman cuisine are a great classic of Italian cooking that appeal to everyone and always make a dinner special. They are served with a salad or, when it is in season, with fresh chicory dressed with oil and lemon. You can also use pork loin.

Pound the veal with a meat mallet, wet it with a little water, and then season with salt and pepper.

Place half a sage leaf and a full slice of prosciutto on each slice of meat; fold the slice of meat onto itself and secure with a toothpick.

Heat a pan, add the butter and quickly fry the saltimbocca, about 4 minutes per side. Serve hot.

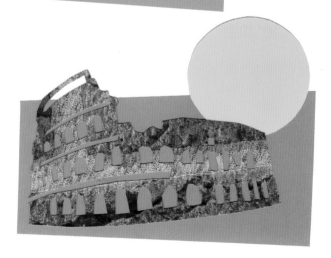

Saltimbocca alla romana

🍴 **Persone** 4

🥄 **Preparazione**
25 minuti

🍲 **Tempo di cottura**
10 minuti

👨‍🍳 **Difficoltà**
Media

Ingredienti
› 17 ½ once (500 g) di vitello (20 fette)
› Sale, a piacere
› Pepe nero, a piacere
› 10 foglie di salvia, fatte a metà
› 20 fette di prosciutto crudo
› ½ tazza (100 g) di burro

Battere le fette di vitello con un batticarne, bagnare leggermente con acqua, e poi salare e pepare.

Disporre su ogni fetta di carne mezza foglia di salvia e una di prosciutto; ripiegare la fetta di carne su se stessa e chiudere con uno stecchino.

Scaldare una padella, aggiungere il burro e friggere velocemente i saltimbocca per circa 4 minuti per lato.Servire ben caldi.

SALTIMBOCCA

Succulenti e saporiti, questi protagonisti della cucina romana sono un grande classico della cucina italiana, che piace sempre a tutti e rende una cena subito speciale. Si servono con insalata o, quand'è stagione, con le puntarelle fresche condite con olio e limone.

Steak Pizzaiola

Serves 4

Preparation time
15 minutes

Cooking time
20 minutes

Difficulty
Medium

Ingredients
› 1 ½ pounds (700 g) tomatoes
› 2 T-bone steaks, short loin (2 pounds [900 g] in all)
› Sea salt, to taste
› Black pepper, to taste
› 7 ounces (200 ml) extra-virgin olive oil
› 3 cloves garlic, crushed
› Pinch of dried oregano, preferably Sicilian

Peel the tomatoes, remove the seeds, and cut into strips.

Pound the steaks with a meat mallet and season with salt and pepper.

In a saucepan, heat the oil over high heat. Add the steaks and cook, browning both sides.

Add the garlic and tomato; sprinkle the steaks with a pinch of oregano, and season with more salt and pepper.

Cover the pan and continue cooking over low heat, until you have a thick tomato sauce that may need to be diluted with a little water.

Arrange the meat on a serving platter and cover with the sauce. Serve immediately.

TOMATOES

The tomato is one of the icons of our cuisine. We add it often, and everywhere! The preparation called *Pizzaiola* is always made with the addition of this beloved ingredient, and it makes every dish more beautiful and delicious. Even if tomatoes aren't in season, *pizzaiola* is made anyway with crushed canned tomato.

Costata alla pizzaiola

Persone 4

Preparazione
15 minuti

Tempo di cottura
20 minuti

Difficoltà
Media

Ingredienti
› 1 ½ libbra (700 g) di pomodori
› 2 fette di carne costata di manzo (2 libbre [900 g] in tutto)
› Sale, a piacere
› Pepe nero, a piacere
› 7 once (200 ml) di olio extravergine d'oliva
› 3 spicchi d'aglio, schiacciati
› Un pizzico di origano, preferibilmente siciliano

Pelare i pomodori, eliminare i semi e tagliarli a filetti.

Appiattire la costata con il batticarne, e condirla con sale e pepe.

In un tegame, scaldare l'olio a fuoco alto. Aggiungere le costate e cuocerle facendole rosolare da entrambe le parti.

Unire l'aglio schiacciato e i pomodori; spolverizzare le costate con un pizzico di origano e condire con altro sale e pepe.

Coprire il tegame e proseguire la cottura a fuoco lento, fino a quando i pomodori avranno formato una salsa densa da diluire eventualmente con un goccio d'acqua.

Disporre la carne sul piatto da portata e adagiarvi sopra il sugo. Servire subito.

Tomatoes > *Pomodori*
Seeds > *Semi*
Sprinkle > *Spolverizzare*

IL POMODORO

Il pomodoro è una delle caratteristiche della nostra cucina. Lo mettiamo spesso, e dappertutto! La preparazione chiamata 'alla pizzaiola' è sempre fatta con l'aggiunta di questo ingrediente così amato, e rende ogni piatto subito più bello e buono. Anche se i pomodori non sono di stagione, la pizzaiola si prepara comunque con la passata pronta.

Stockfish

with Tomatoes and Potatoes

Serves 4

Preparation time
30 minutes

Cooking time
10 minutes

Difficulty
Medium

Ingredients

› 12½ ounces (350 g) potatoes
› 1½ pounds (750 g) stockfish, already soaked, or baccalá
› 1 onion, thinly sliced
› Extra-virgin olive oil
› 5 ounces (140 g) tomatoes, chopped
› 7 ounces (200 ml) water, plus more water or broth for basting
› ¾ cup (75 g) olives in brine
› ¼ cup (35 g) capers
› 1 ounce (35 g) sun-dried tomatoes, chopped
› ⅓ cup (35 g) chopped carrot
› ⅓ cup (35 g) chopped celery
› Sea salt, to taste
› Black pepper, to taste

Peel the potatoes cut them into chunks.

Wash the stockfish, cut it into pieces, and let it drain.

In a saucepan, sauté the onion in a little oil, add the chopped tomatoes and 7 ounces (200 ml) of the water, cover, and cook for 5 minutes.

Add the stockfish, potatoes, olives, capers, sun-dried tomatoes, carrots, and celery.

Season with salt and pepper.

Simmer for about 2 hours, basting the stockfish when necessary, with a little water or broth.

Serve very hot, with plenty of sauce.

STOCKFISH

True Sicilian cuisine is fully expressed in this dish. The recipe is from my mother-in-law, and it has been in her family for generations. I began to appreciate it when I met my husband. Before then, I did not know about stockfish. But now, I could not do without it.

Family › *Famiglia*
Husband › *Marito*
Generations › *Generazioni*

Piscistuoccu a missinisa
Stoccafisso con pomodoro e patate

Persone 4/6

Preparazione
15 minuti

Tempo di cottura
60 minuti

Difficoltà
Media

Ingredienti
› 12 ½ once (350 g) di patate
› 1 ½ libbra (750 g) di stoccafisso già ammollato; oppure baccalà
› 1 cipolla, affettata sottilmente
› Olio extravergine d'oliva
› 5 once (140 g) di pomodori, a pezzetti
› 7 once (200 ml) di acqua, più altra acqua o brodo per bagnare
› ¾ tazza (75 g) di olive in salamoia
› ¼ tazza (35 g) di capperi
› 1 oncia (35 g) di pomodori secchi, a pezzetti
› ⅓ tazza (35 g) di carote, a pezzetti
› ⅓ tazza (35 g) di sedano, a pezzetti
› Sale, a piacere
› Pepe nero, a piacere

Pelare e tagliare a tocchetti le patate.

Lavare lo stoccafisso, tagliarlo a pezzi e lasciarlo scolare.

In una padella, rosolare la cipolla in poco olio, unire i pomodori a pezzetti, e 7 once (200 ml) di acqua e cuocere per 5 minuti con coperchio.

Unire lo stoccafisso, patate, olive, capperi, pomodori secchi, carote e sedano.

Salare, pepare.

Cuocere a fuoco lento per circa 2 ore, bagnando lo stoccafisso, quando occorre, con un po' d'acqua o brodo caldo.

Servire ben bollente, con sugo abbondante.

STOCCAFISSO

La verace cucina siciliana è espressa pienamente in questo piatto. La ricetta è di mia suocera e della sua famiglia da generazioni, e io ho iniziato ad apprezzarla da quando conosco mio marito. Prima, lo stoccafisso per me non esisteva. Ma adesso non potrei farne a meno.

Meatballs

in Tomato Sauce

Serves 6

Preparation time
20 minutes

Cooking time
50 minutes

Difficulty
Medium

Ingredients

› 4 slices white bread
› 2 cups (475 ml) milk
› 1½ pounds (750 g) ground veal
› Sea salt, to taste
› Black pepper, to taste
› 1 small ball smoked mozzarella, cut into 24 small pieces
› 24 black olives, pitted
› 1 stalk celery, diced
› 1 carrot, diced
› 1 onion, diced
› Extra-virgin olive oil
› All-purpose flour
› 1½ tablespoons (20 g) butter
› 7 ounces (200 g) tomato purée
› Small potatoes, boiled for serving

MEATBALLS

For me, it was always a treat when my mother announced that we would be making meatballs. It was a great exercise in preparation, with my little hands all dirty from making these delicious balls that would soon enter my tummy.

In a bowl, soak the bread in the milk. Strain out the bread.

In another bowl, mix the ground veal with the strained bread. Season with salt and pepper.

With this mixture, make 24 meatballs, placing 1 olive and 1 piece of mozzarella in each.

In a saucepan, sauté the celery, carrot, and onion with a little olive oil, until tender.

Meanwhile, dredge the meatballs in flour; fry them in another saucepan with hot oil and the butter. As soon as the meatballs have browned, transfer them to the other pan with the celery and onion.

Add the tomato purée, cover, simmer the meatballs for 30 minutes, and serve hot accompanied with boiled potatoes.

Polpette al sugo

Persone 6

Preparazione
20 minuti

Tempo di cottura
50 minuti

Difficoltà
Media

Ingredienti
› 4 fette di pane bianco
› 2 tazze (475 ml) di latte
› 1 ½ libbra (750 g) di polpa macinata di vitello
› Sale, a piacere
› Pepe nero, a piacere
› 1 piccola scamorza, tagliata in 24 piccoli pezzi
› 24 olive taggiasche, snocciolate
› 1 gambo di sedano, tagliato a dadini
› 1 carota, tagliata a dadini
› 1 cipolla, tagliata a dadini
› Olio extravergine d'oliva
› Farina multiuso
› 1 ½ cucchiaio (20 g) di burro
› 7 once (200 g) di passata di pomodoro
› Piccole patate, lessate per accompagnare

In una scodella, ammollare il pane nel latte. Strizzare il pane.

In un'altra scodella, amalgamare la polpa macinata con il pane strizzato. Condire con sale e pepe.

Preparare con il composto 24 polpette rotonde, inserendo in ognuna 1 oliva e 1 pezzetto di scamorza.

In una casseruola soffriggere in un filo d'olio d'oliva sedano, carota, e cipolla, lasciandole insaporire.

Nel frattempo, infarinare bene le polpette, rosolarle in un'altra casseruola in burro e olio caldi. Appena saranno colorite, trasferirle nell'altra casseruola con sedano, cipolla e carote.

Aggiungere la passata di pomodoro, incoperchiare, stufare le polpette per 30 minuti, e servirle ben calde accompagnate con patate lessate.

POLPETTE

Per me è sempre stata una festa quando la mamma mi annunciava che le avremmo cucinate: un grande esercizio di metodo, con le manine tutte sporche a preparare queste deliziose sfere che sarebbero presto entrate nel mio pancino.

Hands › Manine
Balls › Sfere
Tummy › Pancino

Veal Chops Valdostana

Serves 4

Preparation time
45 minutes

Cooking time
15 minutes

Difficulty
Easy

Ingredients
› 4 bone-in veal chops (1 pound [400 g] in all)
› 3 ½ ounces (100 g) Italian Fontina cheese
› 3 ½ ounces (100 g) prosciutto
› Sea salt, to taste
› Black pepper, to taste
› White flour, for drenching
› 1 egg, beaten
› Bread crumbs, for drenching
› ½ cup (100 g) butter

Halve the chops, leaving the bone attached. Stuff 1 slice of prosciutto and 1 slice of cheese inside the meat, secure the meat shut by pounding it with a meat mallet.

Season the veal with salt and pepper.

Place the flour in a shallow dish. Place the egg in a second shallow dish. Place the bread crumbs in a third shallow dish.

Dredge the meat in the flour, then in the egg, and finally in the breadcrumbs.

In a large skillet, melt the butter. Fry the veal in the butter, until the chops have browned, about 7 minutes per side.

FONTINA

Fontina is a high-fat cheese produced in Valle d'Aosta. It is round with a thin rind and a soft texture that melts well. The *Valdostana* is a sort of meat sandwich with prosciutto and cheese that kids love to prepare and enjoy because it's simple and tasty. You can also use chicken breast or pork loin.

Cheese › *Formaggio*
Sandwich › *Panino*
Tasty › *Saporite*

Costolette alla valdostana

Persone 4

Preparazione
45 minuti

Tempo di cottura
15 minuti

Difficoltà
Facile

Ingredienti
› 4 costolette di vitello (1 libbra [400 g] in tutto)
› 3½ once (100 g) di fontina
› 3½ once (100 g) di prosciutto cotto
› Sale, a piacere
› Pepe nero, a piacere
› Poca farina bianca, per impanare
› 1 uovo, sbattuto
› Pane grattugiato, per impanare
› ½ tazza (100 g) di burro

Tagliare a metà le costolette lasciando l'osso attaccato. All'interno delle costolette inserire 1 fetta di prosciutto e la fontina e richiudere battendo con il batticarne.

Salare e pepare la carne.

Mettere la farina in un piatto fondo. Mettere l'uovo in un secondo piatto fondo. Mettere il pane grattugiato in un terzo piatto fondo.

Infarinare la carne, passarla nell'uovo ed infine nel pane grattugiato.

In una grande padella sciogliere il burro. Friggere le costolette nel burro fino a farle dorare, circa 7 minuti per lato.

FONTINA

La fontina è un formaggio grasso prodotto in Valle d'Aosta. Ha forma cilindrica, crosta sottile e pasta morbida e fondente. È un prodotto DOP. Tradizionalmente si conserva avvolta in un panno di lino appena umettato, proteggendola sotto una campana di vetro e in frigorifero. Le 'valdostane' sono una sorta di 'panino di carne' con prosciutto e formaggio, che i bimbi amano preparare e gustare perché semplici e saporite.

Desserts
Dolci

Well now, yes, I admit it: I am very passionate about all sweet things. When the fateful moment for dessert approaches, I'm almost giddy to discover what will delight my palate and beautifully complete my lunch or dinner.

My mom has a sweet tooth, and it is surely from her that I have learned to appreciate this sweet finale, which was always present at my house. Each day had a different treat: *tiramisù* on Tuesday, pudding on Thursday, chocolate marbled pound cake on Saturday, and aunt's pastries on Sunday. Dessert on other days of the week varied depending on the inspiration and the groceries, but there was always a delicacy to be savored, which was inevitably finished almost immediately.

It's no wonder that desserts are part of my daily diet to this day, and I feel the need to prepare them often. It fills me with satisfaction. I am fascinated by desserts that rise in the oven, and I am entranced by the soft creams in which to sink the spoon. I am thrilled mixing simple ingredients that manage to produce such delicious results.

Here they are: my beloved desserts. These desserts taste of home and family, and with each mouthful they recall wonderful memories.

Ebbene sì, lo ammetto: sono appassionatissima di tutto ciò che è dolce. E all'approssimarsi del momento fatidico del dolce, sono quasi emozionata allo scoprire con che cosa verrà deliziato il mio palato per chiudere in bellezza e bontà un pranzo o una cena.

La mia mamma è una golosa, e sicuramente è da lei che ho imparato ad apprezzare questo finale dolcissimo, che non mancava mai a casa. Ogni giorno aveva una delizia diversa: tiramisù al martedì, budino al giovedì, sabato plum cake variegato al cacao e domenica i pasticcini della zia. Gli altri giorni variavano, a seconda dell'estro e degli acquisti, ma c'era sempre e comunque una delizia da gustare, che invariabilmente finiva quasi subito.

Non c'è da stupirsi se ancora oggi i dolci facciano parte della mia dieta quotidiana e io senta il bisogno di prepararli spesso, cosa che mi riempie di soddisfazione. Sono affascinata dai dolci che lievitano in forno, e estasiata dalle creme morbide dove affondare il cucchiaio. Mi esalto mescolando ingredienti semplici che riescono a produrre risultati così squisiti.

E quindi, eccoli qui, i miei dolci del cuore: quelli che prima di tutto sanno di casa e famiglia, e ad ogni boccone portano con sé ricordi meravigliosi.

Tiramisù

Serves 8	**Ingredients**
	› 3 eggs, separated
Preparation time	› ⅓ cup (65 g) sugar
40 minutes	› 9 ounces (250 g) mascarpone, ricotta, or other soft cheese, similar to what you use to make cheesecake
Chilling time	› 12 ladyfingers or prepared sponge cake
8 hours	› 6 ½ tablespoons (100 ml) black Italian coffee, cold
Difficulty	› Cocoa powder, for garnish
Medium	

MASCARPONE

For me, *Tiramisù* is *the* dessert *par excellence*, the one that my mother prepared for me in spite of her reluctance in the kitchen. I secretly ate it directly from the bowl in big, voluptuous, soft spoonfuls. If you can resist, it is even better the next day.

With the Kids
Carefully placing the cookies next to each other like toy soldiers, will fill the children with pride.

Dessert > *Dolce*
Sugar > *Zucchero*
Fork > *Forchetta*

In a small bowl, beat the egg yolks and sugar with a fork, until the mixture is light and whitish in color. Then gently stir in the cheese until you have a smooth, dense cream.

In another bowl, whisk the egg whites with an electric beater. Add them to the cream, stirring carefully from the bottom up so as not to deflate it.

In a deep dish, soak the ladyfingers in the coffee, being careful not to saturate them. Arrange a layer of soaked cookies in a large enough serving dish. (I use a rectangular white ceramic 8" × 10" [20 × 25 cm] baking dish.) Cover with a layer of cream. Continue alternating layers of the cookies and cream, until you use all the ingredients. The last layer must be cream.

Let the dessert chill for 8 hours in the refrigerator before serving.

Before serving, use a fine mesh strainer to dust the top with cocoa powder to taste. Serve it on a plate by the spoonful.

Tiramisù

Persone 8

Preparazione
40 minuti

Raffreddamento
8 ore in frigorifero

Difficoltà
Media

Ingredienti
› 3 uova, separate
› ⅓ tazza di zucchero
› 9 once (250 g) di mascarpone, ricotta o altro formaggio morbido, tipo quello che si usa per la cheesecake
› 12 savoiardi o pan di spagna pronto
› 6 ½ cucchiai (100 ml) di caffè amaro ristretto, freddo
› Cacao amaro, per guarnire

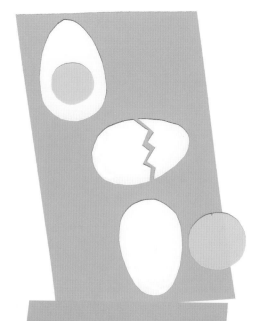

In una ciotola, con una forchetta montare i tuorli con lo zucchero fino ad ottenere un composto leggero e di colore biancastro. Incorporarvi quindi il mascarpone delicatamente, fino a raggiungere un composto liscio e denso.

In un'altra ciotola, montare a neve gli albumi con un frustino elettrico e incorporarli alla crema, mescolando con attenzione dal basso verso l'alto per non smontarli.

In un piatto fondo, inzuppare i savoiardi nel caffè, facendo attenzione che il liquido non imbibisca troppo i biscotti. Disporli su una ciotola di portata abbastanza capiente (io uso una teglia di ceramica bianca rettangolare di 20 x 25 cm [8" x 10"]) e ricoprirli con uno strato di crema, poi ancora savoiardi e crema fino ad esaurimento dell'impasto. L'ultimo strato dovrà essere di crema.

Far raffreddare il dessert in frigo per 8 ore prima di servire.

Prima di servire, usando un colino a maglie fini, cospargere di cacao amaro. Si serve a cucchiai, su un piatto.

MASCARPONE

Per me, il tiramisù è *il* dolce *per eccellenza*, quello che la mamma mi preparava nonostante la ritrosia ai fornelli. Voluttuoso e morbido, lo mangiavo di nascosto direttamente dalla ciotola, a grosse cucchiaiate. Se resistete, il giorno dopo la preparazione è ancora più buono.

Con i bimbi
Mescolare e comporre il dolce, mettendo con cura i biscotti uno accanto all'altro come tanti soldatini, li riempirà di orgoglio.

Corn Bread

Makes 8 buns

Preparation time
20 minutes
+ 1 hour rising

Cooking time
30 minutes

Difficulty
High

Ingredients

› 1 ½ cups (200 g) yellow corn flour for polenta
› ¾ cup (100 g) white flour, plus more for pan
› ½ cup (100 g) butter
› 2 ½ teaspoons (10 g) dry yeast
› 6 ½ tablespoons (100 ml) milk
› 6 tablespoons (80 g) sugar, plus more for sprinkling
› 2 teaspoons edible elderflowers or 1 teaspoon Sambuca liqueur or other anise liqueur
› Sea salt, to taste
› 2 eggs
› Extra-virgin olive oil

NOTE

These sweet buns are usually served for breakfast or as a snack. Accompanied by a dollop of sweetened cream, they can also be a tempting dessert with which to end a Sunday meal.

With the Kids

What could be more beautiful than to put your hands in dough? Let them knead as much as they want because this dough will not be ruined if it is overworked.

In a bowl, mix the flours together.

Melt the butter in the microwave at maximum power for 2 minutes.

In a small bowl, dissolve the yeast in the milk.

To the flour, add a dash of the elderflower, the salt, 6 tablespoons (80 grams) of sugar, the eggs, and the butter. Mix well, adding more milk, if necessary.

Shape the dough into a ball, place it in a bowl, cover it with plastic wrap, and let it rise in a warm place for 1 hour.

After this time, preheat the oven to 375° F (190°C, or gas mark 5). Oil a sheet pan and sprinkle it with flour.

Out of the dough make 8 slightly flattened, small, round buns, about 4 inches (10 cm) in diameter and place them on the sheet pan well distanced apart because they tend to "grow" as they bake.

Sprinkle the buns with some sugar and a few elderflowers or a drop or two of the liquor.

Bake for 30 minutes.

Desserts

Pan de mej
Pan di miglio

🍴 **Per** 8 panini

🥄 **Preparazione**
20 minuti + 1 ora
di lievitazione

🍲 **Tempo di cottura**
30 minuti

👨‍🍳 **Difficoltà**
Alta

Ingredienti
› 1 ½ tazza (200 g) di farina
  gialla per polenta
› ¾ tazza (100 g) di farina
  bianca, più per spolverizzare
  la placca da forno
› ½ tazza (100 g) di burro
› 2 ½ cucchiai (10 g) di lievito
  di birra secco per dolci
› 6 ½ cucchiai (100 ml) di latte
› 6 cucchiai (80 g) di zucchero,
  più per cospargere

› 2 cucchiaini di fiori di
  sambuco o 1 cucchiaino
  di liquore Sambuca o altro
  liquore all'anice
› Sale, a piacere
› 2 uova
› Olio extravergine d'oliva

In un recipiente, mescolare insieme le farine.

Sciogliere il burro nel microonde, potenza massima,
    per 2 minuti.

In una ciotola, sciogliere il lievito nel latte.

Alla farina, aggiungere un pizzico di fiori di sambuco,
    un po' di sale, 6 cucchiai (80 grammi) di zucchero, le uova
    e il burro. Impastare bene gli ingredienti unendo,
    se necessario, altro latte.

Fare con la pasta una palla, metterla in una bacinella, coprirla con
    un foglio di pellicola trasparente e lasciarla lievitare
    per 1 ora in luogo tiepido.

Trascorso questo tempo, preriscaldare il forno a 190°C (375°F,
    o manopola del gas a 5). Ungere con olio una placca da forno e
    spolverizzarla con farina bianca.

Fare con la pasta 8 pagnottine tonde lievemente schiacciate,
    di circa 10 cm (4 pollici) di diametro e metterle sulla placca
    tenendole distanziate perché cuocendo tendono
    ad allargarsi.

Cospargere i pani con un po' di zucchero e fiori di sambuco
    o una o due gocce di liquore.

Cuocerli in forno per 30 minuti.

NOTA

Questi dolcetti si servono
normalmente a colazione
o a merenda, ma possono
anche essere un dessert
goloso a fine pasto della
domenica, accompagnati
con una cucchiaiata di
panna liquida zuccherata.

Con i bimbi
Che cosa c'è di più bello di
mettere le mani in pasta?
Lasciateli impastare quanto
vogliono, questa preparazione
non si rovina se viene
'stressata' troppo.

Beautiful › *Bello*
Yellow › *Gialla*
Breakfast › *Colazione*

Heavenly Cake

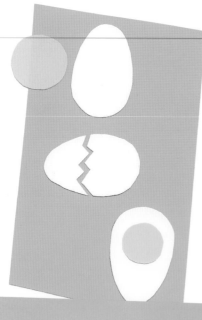

YY Serves 8

Preparation time
30 minutes

Cooking time
40 minutes

Difficulty
High

Ingredients

› 2 sticks plus 2 tablespoons (250 g) butter, softened for 1 hour
› 1 ¼ cups (250 g) sugar
› 1 lemon
› 8 eggs
› 5 ¼ ounces (150 g) potato starch or corn starch
› 1 cup plus 2 tablespoons (150 g) white flour
› Butter, for the mold
› Powdered sugar

HEAVENLY CAKE

Soft, simple, and
delicious: These are the
characteristics of this
heavenly cake. It is perfect
for breakfast when you
wish to pamper yourself
with something really
good but very simple.
I prepare it on Sunday
mornings, and usually
by night there's not even
a crumb left.

Preheat the oven to 340°F (170°C, or gas mark 3).

In a bowl, beat together the butter and sugar, until fluffy.

Add the lemon zest and 8 egg yolks (keep 3 egg whites aside,
save the rest for another use), one at a time. (Don't add the next
yolk until the previous one has been fully incorporated.) Add
the potato starch or flakes and flour. Mix together well.

In another bowl, beat the 3 egg whites with an electric mixer. Add
them to the mixture, folding them gently from the bottom up.

Butter a high-sided cake pan with a diameter of 11 inches
(28 cm) and pour in the batter. Bake for 40 minutes.

Remove the cake from the pan and let it cool on a wire rack. Serve
the cake in slices, dusted with powdered sugar.

With the Kids
Whipping egg whites is a very
boring activity for me, but I
found that children love it. Put
a child in a chair and give her
a mixer and a tall bowl, so that
she will not splatter herself
too much. There you have it;
the egg whites are whipped.

Soft > *Soffice*
Simple > *Semplice*
Delicious > *Deliziosa*

Torta paradiso

Persone 8

Preparazione
30 minuti

Tempo di cottura
40 minuti

Difficoltà
Alta

Ingredienti
› 2 panetti più 2 cucchiai (250 g) di burro,
  ammorbidito per 1 ora fuori dal frigorifero
› 1 ¼ tazza (250 g) di zucchero semolato
› 1 limone
› 8 uova
› 5 ¼ once (150 g) di fecola di patate o amido di mais
› 1 tazza più 2 cucchiai (150 g) di farina bianca
› Burro per lo stampo
› Zucchero a velo

Preriscaldare il forno a 170°C (340°F, o manopola del gas a 3).

In una ciotola, montare il burro con lo zucchero sino ad averlo soffice.

Unire la scorza grattugiata del limone e 8 tuorli (tenere a parte 3 albumi, conservare il resto per un altro uso) uno per volta e non mettendo il successivo se il precedente tuorlo non sarà stato perfettamente incorporato. Aggiungere poi la fecola e la farina setacciata. Mescolare bene tutti gli ingredienti.

In un'altra ciotola, montare i 3 albumi a neve con un frustino elettrico e unirli al composto, mescolando piano dal basso verso l'alto.

Imburrare una tortiera del diametro di 11 pollici (28 cm) a bordi alti e versarvi il composto; cuocere in forno per 40 minuti.

Sformare la torta e farla raffreddare su una gratella. Servire a fette, spolverizzandola con zucchero al velo.

TORTA PARADISO

Soffice, semplice, deliziosa: ecco le caratteristiche della torta paradiso. Questa torta è perfetta per una colazione in cui viziarsi con qualcosa di davvero buono ma molto semplice. Ho cominciato a prepararla la domenica mattina e – di solito – a sera non ce n'è più nemmeno una briciola.

Con i bimbi
Montare a neve gli albumi per me è un'attività noiosissima, mentre ho scoperto che ai bimbi piace un sacco. Metteteli seduti su una sedia e muniteli di frustino e contenitore alto, in modo che non si schizzino troppo. E via, si monta!

Piedmontese Chocolate Pudding

Serves 8

Preparation time
15 minutes

Cooking time
45 minutes
+ 2 hours chilling

Difficulty
High

Ingredients
› 8 eggs
› 1 ¼ cups (250 g) sugar
› 2 tablespoons (10 g) unsweetened cocoa powder
› 1 tablespoon (5 g) sweetened cocoa powder
› 1 tablespoon (5 g) ground Italian coffee powder
› 14 ounces (400 g) Amaretti,* crushed
› ½ cup (120 ml) Grand Marnier or other orange liqueur
› 4 ¼ cups (1 L) whole milk
› 7 ounces (200 g) fresh heavy cream
› ½ cup (100 g) sugar to caramelize the molds
› Lemon

In a bowl, carefully beat the eggs with the sugar, and then add both kinds of powdered cocoa, the coffee powder, liquor, and Amaretti. Add the milk and cream and combine all the ingredients well. Let the mixture chill in the refrigerator for 2 hours.

Preheat the oven to 320°F (160°C, or gas mark 3).

Meanwhile, in a pan cook the sugar together with a few drops of lemon juice. As soon as the caramel forms and the sugar dissolves pour it into 8 small ramekins or muffin tins and let it adhere well to the sides.

Let the caramel harden for about 10 minutes.

Pour the refrigerated batter into the ramekins covered in caramel and bake in a water bath. (To bake in a water bath, put the ramekins in a high-sided baking pan. Fill the pan with boiling water, taking care to avoid getting water into the ramekins. The depth should be approximately half the height of the ramekins.) Bake for 45 minutes.

Serve the pudding with a spoon, removing the puddings from the ramekins and letting the caramel pour over the puddings.

PUDDING

In Italy, many companies have come up with dry preparations, which, with the addition of milk and some patient mixing, allow you to achieve more or less the same result and avoid cooking in a water bath in the oven. At my house chocolate pudding—the instant version!—was enriched with crumbled cookies added to the mix before cooking. That made it all the more tasty.

*Amaretti are Italian almond-flavored macaroons usually made from the kernels of apricots and not almonds. They are readily available in most cookie aisles. If not, substitute crisp chocolate wafers or ginger snaps for a different flavor combination.

Desserts

Bunet
Budino alla piemontese

Persone 8

Preparazione
15 minuti

Tempo di cottura
45 minuti + 2 ore di
riposo in frigo

Difficoltà
Alta

Ingredienti
› 8 uova
› 1 ¼ tazza (250 g) di zucchero semolato
› 2 cucchiai (10 g) di cacao amaro in polvere
› 1 cucchiaio (5 g) di cacao zuccherato in polvere
› 1 cucchiaio (5 g) di caffè in polvere
› 14 once (400 g) di amaretti* sbriciolati
› ½ bicchierino (120 ml) di Gran Marnier o altro liquore all'arancia
› 4 ¼ tazze (1 L) di latte intero
› 7 once (200 g) di panna liquida fresca
› ½ tazza (100 g) di zucchero semolato per caramellare gli stampi
› Limone

Chocolate › Cioccolato
Coffee › Caffè
Spoon › Cucchiaio

BUDINO

In Italia molte aziende hanno creato dei preparati secchi che, con l'aggiunta di latte e un po' di pazienza nel mescolare, creano più o meno lo stesso risultato, evitando la cottura in forno a bagnomaria. A casa nostra il budino al cioccolato — versione preparato istantaneo! — era arricchito con biscotti secchi sbriciolati che venivano inseriti nell'impasto e rendevano il tutto ancora più saporito.

Lavorare accuratamente le uova intere sgusciate con lo zucchero, unire il cacao amaro e zuccherato, il caffè in polvere, il liquore e gli amaretti. Unire il latte e la panna e amalgamare molto bene tutti gli ingredienti. Lasciare raffreddare il composto per 2 ore in frigorifero.

Preriscaldare il forno a 160°C (320°F, o manopola del gas a 3).

Nel frattempo cuocere in un pentolino 8 cucchiai di zucchero e qualche goccia di succo di limone. Appena si forma il caramello e lo zucchero si scioglie, versarlo in 8 stampini monoporzione tipo quelli da muffin e farlo aderire bene alle pareti.

Far solidificare il caramello per 10 minuti circa.

Versare negli stampi caramellati il composto tolto dal frigorifero e cuocere in forno a bagnomaria. (Per la cottura a bagnomaria in forno, porre gli stampini su una teglia a bordi alti. Riempire la teglia di acqua bollente, evitando che l'acqua entri negli stampini. Deve arrivare circa a metà dell'altezza degli stessi.) Infornare la teglia per 45 minuti.

Si serve al cucchiaio, togliendo il budino dai contenitori e facendo colare il caramello sul dolce.

*Gli amaretti sono biscottini italiani al gusto di mandorla di solito fatti con i noccioli di albicocche e non di mandorle. Si possono facilmente trovare sugli scaffali dei biscotti. In caso contrario, sostituire con cialde di cioccolato croccante o con biscotti allo zenzero per una diversa combinazione di sapore.

Stuffed Peaches

Serves 8

Preparation time
15 minutes

Cooking time
30 minutes

Difficulty
Easy

Ingredients
› 4 peaches, not too ripe
› ¼ cup (50 g) sugar
› 3½ ounces (100 g) Amaretti,* crushed
› 1 tablespoon (5 g) unsweetened cocoa powder
› 2 egg yolks
› ¼ cup (50 g) butter
› Powdered sugar
› 1 pinch ground cinnamon

PEACHES

The variations for Stuffed Peaches are countless because everyone adds or subtracts what they want. I have often made them adding a few spoonsful of cocoa powder, or with a mix of chopped dried fruit instead of the macaroons. The important thing is to caramelize them well in the oven, which makes them delicious.

With the Kids
"You like all the messy things," my grandmother used to say when she saw me working with things that got my hands dirty. This messy thing is perfect for all kids who truly love cooking hearty, traditional, unsophisticated food. Let them get a bit messy when filling the peaches. They will be thankful.

Preheat the oven to 350° F (180°C, or gas mark 4). Line a high-sided baking pan with parchment paper.

Cut the peaches in half, remove the pits, and scoop out some of the flesh. Place the flesh in a bowl and use a fork to mash it into a pulp.

Add the sugar, *Amaretti*, cocoa, and egg yolks to the peach pulp. Mash with a fork and mix to combine the filling.

Fill the peach halves with the filling. Garnish each peach half with a butter curl.

Arrange the peaches in the prepared pan and bake for 30 minutes.

Remove the pan from the oven, let cool, and dust with powdered sugar and the cinnamon.

Serve a half peach per person, and eat them warm.

*Amaretti are Italian almond-flavored macaroons usually made from the kernels of apricots and not almonds. They are readily available in most cookie aisles. If not, substitute crisp chocolate wafers or ginger snaps for a different flavor combination.

Pesche ripiene

Persone 8

Preparazione
15 minuti

Tempo di cottura
30 minuti

Difficoltà
Facile

Ingredienti
› 4 pesche non troppo mature
› ¼ tazza (50 g) di zucchero
› 3½ once (100 g) di amaretti* sbriciolati
› 1 cucchiaio (5 g) di cacao amaro in polvere
› 2 tuorli d'uovo
› ¼ tazza (50 g) di burro
› Zucchero a velo
› 1 pizzico di cannella in polvere

Preriscaldare il forno a 180°C (330°F, o manopola del gas a 4). Foderare una teglia a bordi alti, con carta forno.

Tagliare a metà le pesche, eliminare il nocciolo e svuotarle parzialmente. Porre la polpa in un piatto fondo, schiacciarla bene con una forchetta fino a farne una pasta.

Unire alla polpa lo zucchero, gli amaretti sbriciolati, il cacao e i tuorli. Mescolare e schiacciare con la forchetta per amalgamare il ripieno.

Riempire le mezze pesche con la farcia. Decorare ogni mezza pesca con un ricciolo di burro.

Disporre le pesche nella teglia foderata, e cuocere in forno per 30 minuti.

Sfornare, far intiepidire e servire spolverizzando di zucchero a velo e cannella.

Si serve una mezza pesca a testa, e si mangiano tiepide.

PESCHE

Innumerevoli le varianti, perché ognuno ci aggiunge o toglie quel che gli va: spesso le ho cucinate aggiungendo alla farcia un paio di cucchiai di cacao in polvere, oppure con frutta secca mista tritata al posto degli amaretti. L'importante è caramellarle bene in forno, rendendole golosissime.

Con i bimbi
Tutti i *'pastrugni'* ti piacciono, diceva mia nonna vedendomi alle prese con cose che mi permettevano di sporcarmi le mani. Ecco, questo *'pastrugno'* è perfetto per tutti i bimbi innamorati della cucina sostanziosa, tradizionale, non sofisticata. Fateli sporcare un po' in giro col ripieno delle pesche. Ve ne saranno grati.

Peaches > Pesche
Dried Fruit > Frutta Secca
Thankful > Grati

*Gli Amaretti sono biscottini italiani al gusto di mandorla di solito fatti con i noccioli di albicocche e non di mandorle. Si possono facilmente trovare sugli scaffali dei biscotti. In caso contrario, sostituire con cialde di cioccolato croccante o con biscotti allo zenzero per una diversa combinazione di sapore.

Snacks
Per merenda

For me, snack time is the most beautiful time of day. The hardships of school and work are almost over; dinner is at the door, which means the return to family, gathering together to share the day's events. But above all, there is always something really good for us to snack on.

I believe we should get away from processed foods and give the okay to traditional dishes served at an unusual time, and away from the conventional classics of the dinner table. Give the green light to street food, to nibble and enjoy either with friends or alone, thinking about all of the good things that happened today.

My childhood snacks were very varied. At my grandmother Ione's house, I ate an apple or a beautiful piece of *Grana Padano* cheese. They were delicious. If I had been very good, I could aspire to have some bread to accompany the cheese or enough sugar in which to dip oranges slices halfway. If you have never tried it, do.

My grandmother, Giuseppina, was more permissive. At her house, I had an appointment with chocolate, strictly white for me back then. First I finished all of the bread, and then I would pounce on the chocolate. Only as a grownup did I realize that eating them together would have given me more satisfaction. Anyway, since then I have never stopped having snack time.

Per me, il momento della merenda è il più bello della giornata: le fatiche di scuola e lavoro sono quasi finite, la cena è alle porte e quindi il rientro in famiglia, per ritrovarsi tutti insieme a condividere gli avvenimenti della giornata. Ma soprattutto, per merenda c'è sempre qualcosa di davvero buono ad aspettarci.

Bando a dolcetti confezionati e via libera a piatti tradizionali da gustare in un momento inconsueto, e fuori dagli schemi classici della tavola. Via libera al cibo da strada, da sbocconcellare e gustare con gli amici o anche da soli, ripensando a tutto quel che di bello è successo oggi.

Le mie merende da bambina erano molto variegate: a casa di nonna Ione mangiavo una mela, oppure un bel pezzo di grana: erano buonissimi e se ero stata molto brava potevo ambire ad avere anche del pane con cui accompagnare il grana, o tanto zucchero nel quale intingere arance tagliate a metà: se non avete mai provato, assaggiatele.

A casa della nonna Giuseppina, più permissiva, appuntamento con il cioccolato, all'epoca per me rigorosamente bianco. Prima finivo tutto il pane, e poi mi avventavo sul cioccolato. Solo da grande ho capito che mangiarli insieme mi avrebbe dato più soddisfazione! E comunque, da allora non ho mai smesso di fare merenda.

Bruschetta

Toast > *Abbrustolire*
Garlic > *Aglio*
Bread > *Pane*

BRUSCHETTA

To Americans, Bruschetta (which is not pronounced with a "sh" sound, but with a harder C sound, you should learn!) is one of the most typical Italian dishes, and its simplicity always manages to surprise you. We prepare it like this, without other additions, because that is the only way to truly appreciate great bread and the best extra-virgin olive oil. But if you want to add diced tomato or mozzarella, *Parmigiano* shavings, well-seasoned salad, or slices of prosciutto, who am I to stop you?

Serves 4

Preparation time
5 minutes

Cooking time
5 minutes

Difficulty
Easy

Ingredients
› 4 slices country bread
› 2 cloves garlic, crushed
› Sea salt, to taste
› Black pepper, to taste
› Extra-virgin olive oil

Toast the slices of bread on a grill pan (it would be best to prepare them on the grill) and then rub them with the garlic.

Arrange the bread on a platter and season with salt, pepper, and a few tablespoons of oil.

Bruschetta

Persone 4

Preparazione
5 minuti

Tempo di cottura
5 minuti

Difficoltà
Facile

Ingredienti
› 4 fette di pane casereccio
› 2 spicchi d'aglio, schiacciati
› Sale, a piacere
› Pepe nero, a piacere
› Olio extravergine d'oliva

Abbrustolire le fette di pane su una griglia (meglio sarebbe prepararle con il barbecue), poi strofinarle con lo spicchio d'aglio.

Disporle su un piatto e condirle con sale, pepe e qualche cucchiaio d'oliva.

BRUSCHETTA

Per gli americani, la bruschetta (non si pronuncia con 'sc', ma con un suono più duro, dovreste imparare!), è uno dei piatti più tipici dell'Italia, e la sua semplicità riesce sempre a stupirvi. Noi la prepariamo così, senza altre aggiunte, perché è l'unico modo per apprezzare veramente il pane ben fatto e l'olio più buono. Ma se voi volete aggiungere anche cubetti di pomodoro o di mozzarella, scaglie di grana, insalata ben condita, o fette di prosciutto... chi siamo noi per impedirvelo?

Basil Frittata

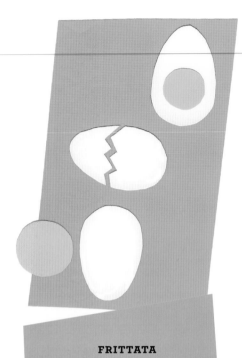

FRITTATA

In Italy, you do not eat eggs in the morning for breakfast. For us, the frittata is a dish onto itself, which we usually eat as a light dinner. A frittata is easy to prepare, and it's especially good when prepared ahead. It was a joy for me to have a frittata as the filling of a nice sandwich, in the afternoon after playing like a crazy girl in the backyard.

With the Kids
If you want the kitchen to be the children's kingdom, let them break the eggs. You will see how much attention and passion they will invest in that adventure, without doing too much damage.

🍴 **Serves** 4	

Serves 4

Preparation time
5 minutes

Cooking time
8 minutes

Difficulty
Easy

Ingredients
› 1 large handful fresh basil
› 6 eggs
› Sea salt, to taste
› Pepper, to taste
› 2 tablespoons (10 g) grated Pecorino cheese or other grated cheese that is aged and tasty
› Extra-virgin olive oil

Wash, dry, and pick the basil leaves. Tear up the leaves with your hands.

In a bowl, break the eggs, season with salt and pepper, and then add the cheese and basil. Mix everything together very well.

Heat a nonstick frying pan with a little oil. When it is very hot, pour in the egg mixture.

Cook the frittata for about 4 minutes on one side. Flip it over and cook for 4 more minutes, until golden.

Like other frittata, it is great enjoyed either hot or cold in a nice crisp *panino* (sandwich on crusty bread).

Frittata al basilico

Persone 4/6

Preparazione
15 minuti

Tempo di cottura
60 minuti

Difficoltà
Media

Ingredienti
› 1 grossa manciata di basilico fresco
› 6 uova
› Sale, a piacere
› Pepe, a piacere
› 2 cucchiaiate (10 g) di pecorino grattugiato o altro formaggio da grattugia mediamente stagionato e saporito
› Olio extravergine d'oliva

Lavare, asciugare e sfogliare il basilico. Tagliuzzare le foglie con le mani.

Rompere in una bacinella le uova, salarle, peparle, poi unire il pecorino e il basilico: amalgamare tutto molto bene.

Mettere sul fuoco una padella antiaderente con poco olio; quando sarà ben caldo versarvi il composto.

Cuocere la frittata da un lato per circa 4 minuti, prima di rigirarla dall'altro e terminare la cottura in altri 4 minuti circa. Deve risultare bella dorata.

Come altre frittate, anche questa è ottima gustata calda o anche fredda, dentro un bel panino croccante.

FRITTATA

In Italia le uova non si mangiano la mattina a colazione, e quindi per noi la frittata è un piatto vero e proprio, che di solito si mangia la sera per una cena leggera. Una frittata è facile da preparare, e soprattutto buona anche se non fatta al momento. Per me era una gioia averla da mangiare come ripieno di un bel panino, il pomeriggio dopo aver giocato come una matta nel giardino di casa.

Eggs › Uova
Breakfast › Colazione
Joy › Gioia

Con i bimbi
Se volete che la cucina sia il loro regno, permettetegli di rompere le uova. Vedrete con quanta attenzione e passione si cimenteranno nell'avventura, senza fare troppi danni.

Fried Mozzarella
Sandwiches

Serves 4

Preparation time
30 minutes

Cooking time
10 minutes

Difficulty
Medium

Ingredients
› 8 slices sandwich bread
› 1 ball mozzarella (4 ½ ounces [125 g])
› 4 basil leaves
› White flour
› 2 eggs
› Sea salt, to taste
› Extra-virgin olive oil

MOZZARELLA

It is said that the name "mozzarella" derives from the fact that the milk was once transported by carriages, and with the bumpy ride, it would turn into mozzarella. Or that when stretched, the mozzarella resembled the reins of a coachman. Whatever the truth, the key is that this dish is absolutely delicious.

With the Kids
With a couple of mozzarella balls in the house, "you can cheat dinner," as my mother always said. We thought it was a great way to cheat—especially if the mozzarella ended up between two slices of fried bread, as in this super tasty traditional recipe. Caution: The filling is scalding. It is best to wait a few minutes before biting into the sandwiches if you don't want to burn your tongue.

Cut the crust off of the bread slices.

Thinly slice the mozzarella and cover 4 slices of bread with it, ensuring that the cheese does not go over the edges.

Place 1 basil leaf on top of the cheese, and then cover with the other slices of bread, pressing lightly.

Pour some cold water into a bowl. Place some flour onto a plate. Press the four edges of the cheese sandwiches in the flour first, holding them tight in your hands so that they do not open up, and then dip the edges in the cold water. (This forms a kind of "glue" that prevents the mozzarella from escaping during cooking.)

Place the prepared sandwiches in a high-sided dish large enough to accommodate all four in one layer.

Break the eggs into a cup, season with the salt, beat with a fork, and pour over the sandwiches, completely drenching the bread. Let the sandwiches rest for 10 minutes, and then gently turn the sandwiches over for the egg to be absorbed by both sides. Let the sandwiches stand for another 10 minutes.

Heat a saucepan with the oil and, when it is hot, fry the sandwiches on both sides, about 4 minutes per side. Once the sandwiches are golden brown on both sides, remove them from the heat and place them on paper towels. Slice each sandwich into 2 triangles. Serve the sandwiches hot, in napkins.

Snacks

Mozzarella in carrozza

Persone 4

Preparazione
30 minuti

Tempo di cottura
10 minuti

Difficoltà
Media

Ingredienti
› 8 fette di pane a cassetta
› 1 mozzarella (4 ½ once [125 g])
› 4 foglie di basilico
› Farina bianca
› 2 uova
› Sale, a piacere
› Olio extravergine d'oliva

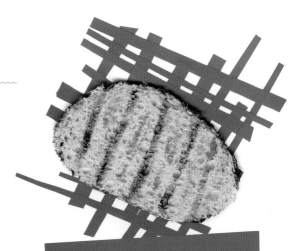

Eliminare la crosta dalle fette di pane.

Affettare finemente la mozzarella e coprire con essa 4 fette di pane, evitando che il formaggio esca dal bordo.

Unire 1 foglia di basilico su ognuna, quindi sovrapporvi le altre fette di pane facendo una leggera pressione.

Versare in una tazza dell'acqua fredda e su un piatto un poco di farina. Premere sulla farina i quattro bordi delle fette di pane tenendole strette fra le mani in modo che non si aprano, poi immergere i bordi nell'acqua fredda: si forma una specie di colla che impedisce alla mozzarella di fuoriuscire in fase di cottura.

Disporre il pane preparato in un piatto fondo abbastanza capiente.

Rompere in una tazza le uova, salarle, sbatterle con una forchetta e inzuppare completamente il pane: lasciarlo riposare 10 minuti e rigirare delicatamente le fette per far si che l'uovo venga assorbito da entrambe le fette; lasciare riposare per altri 10 minuti.

Porre sul fuoco una pentola con dell'olio e, quando questo sarà bollente, friggere il pane da entrambi i lati, circa 4 minuti ciascuno. Una volta ben dorato da entrambe le parti, toglierlo dal fuoco e porlo su carta assorbente. Affettare ogni panino in 2 triangoli. Servire ben caldi, in un tovagliolo.

MOZZARELLA

Si dice che il nome derivi dal fatto che il latte un tempo si trasportasse in carrozza, e con i sobbalzi si trasformasse in mozzarella. Oppure che la mozzarella filando dopo la cottura formi le briglie del cocchiere. Qualunque sia la verità, la cosa fondamentale è la bontà assoluta di questo piatto.

Con i bimbi
Con un paio di mozzarelle in casa, 'si imbroglia la cena', come diceva sempre la mamma. E a noi sembrava un gran bell'imbroglio! Soprattutto se la mozzarella finiva in mezzo a due fette di pane fritte, come in questa ricetta tradizionale super saporita. Attenzione: il ripieno è ustionante. Meglio aspettare qualche minuto prima di addentarli se non volete lasciarci... la lingua.

Crust › Crosta
Glue › Colla
Triangles › Triangoli

Panelle

Chickpea Fritters

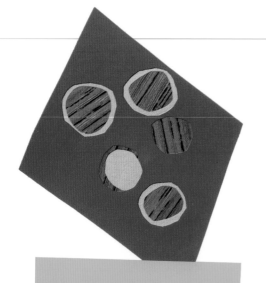

Serves 4

Preparation time
15 minutes

Cooking time
15 minutes

Difficulty
Easy

Ingredients
› Extra-virgin olive oil
› 7 ounces (200 g) chickpea flour
› 2 ¼ cups (500 ml) water
› Sea salt, to taste
› 4 ¼ cups (1 liter), for frying

PANELLE

It seems that this recipe was imported to Sicily by the Arabs, during the rule of the ninth century. Today, this is the favorite street food in Palermo—and of Sicilians in general—that they eat on every corner, whether purchased from a deep-fry, take-out shop or from a kiosk.

With the Kids
Mix, mix, mix: It's the only hard part of this recipe. So, let the children mix, using a wooden spoon and lots of patience, until they have completely eliminated every little lump of flour. They do not have any patience? Here's a way to learn. Without patience, you do not eat a snack.

Mix > *Mescolare*
Patience > *Pazienza*
Eat > *Mangia*

Well oil a sheet pan with oil.

In a pot, mix the flour with enough of the water to get a thick batter.

Place the pot on the stove and bring to a boil, stirring constantly.

When the mixture has become thick like a cream, pour it into the prepared pan. Smooth the surface with a spatula to form a single ¼-inch (6 mm) high layer.

Allow it to cool, and then cut into squares or sticks and fry in hot oil.

Panelle

PANELLE

Pare che questa ricetta sia
stata 'importata' in Sicilia
dagli Arabi, durante
la dominazione del IX
secolo. Oggi questo è il
cibo da strada preferito
dai palermitani, e dai
siciliani in generale, che
le mangiano ad ogni
angolo, sia acquistate in
friggitorie che a qualche
chiosco.

Persone 4

Preparazione
15 minuti

Tempo di cottura
15 minuti

Difficoltà
Facile

Ingredienti
› Olio extravergine d'oliva
› 7 once (200 g) di farina di ceci
› 2 ¼ tazze (500 ml) di acqua
› Sale, a piacere
› 4 ¼ tazze (1 l) di olio per friggere

Ungere bene un'ampia teglia con olio.

Mescolare in una ciotola la farina con l'acqua necessaria per
ottenere una pastella densa.

Porre il recipiente sul fuoco e portare a bollore sempre
mescolando.

Quando il composto sarà diventato denso come una crema,
versarlo nella teglia che avete unto. Lisciare con una spatola la
superficie, fare uno strato alto ¼ di pollice (6 mm).

Farla raffreddare, tagliarla a quadratini o a bastoncini e friggerli
in abbondante olio.

Con i bimbi
Mescolare, mescolare,
mescolare: di questa ricetta
l'unica parte difficile è
questa. E allora, lasciateli
mescolare fino ad eliminare
completamente ogni più
piccolo grumetto di farina,
aiutandosi con un cucchiaio
di legno e tanta pazienza. Non
ne hanno? Ecco un modo per
imparare. Senza pazienza,
non si mangia la merenda.

Apple Fritters

APPLES FROM THE VAL DI NON AREA

Apples here are used to prepare many recipes, above all strudel, since there's an abundance of them. But my favorite is definitely this recipe, which combines the crispness of an apple slice with the softness of a batter coating, joining them with that sweet fried flavor that is a real treat for the taste buds of young and old. Serve these apple fritters with vanilla sauce or with cinnamon ice cream.

With the Kids
"Apple, batter, Mom. Apple, batter, Mom. Apple, batter, Mom." It's an inevitable sequence when preparing these fritters that need to be well dipped before being fried. And so, off to work. This keeps the children away from the scalding oil and you safe from batter-laden hands.

Serves 4

Preparation time
20 minutes

Cooking time
3 minutes

Difficulty
Medium

Ingredients
- 2 apples
- Juice of half a lemon
- 1 ¼ cups (150 g) flour
- 6 ½ tablespoons (100 ml) milk or beer
- 2 eggs, separated
- ½ cup (62 g) powdered sugar
- ½ teaspoon vanilla extract
- 1 tablespoon (15 ml) extra-virgin olive oil, plus more for frying
- 1 pinch sea salt
- ¼ cup (50 g) granulated sugar
- 1 tablespoon (7 g) ground cinnamon

Peel the apples, remove the cores and seeds, and slice into ¼-inch (6 mm) thick slices. Sprinkle the apples with the lemon juice and let them rest for 10 minutes.

Meanwhile, prepare the batter: Place the flour in a bowl and mix it with the milk or beer until smooth. To this batter, add the egg yolks, 1 tablespoon (15 g) of powdered sugar, the vanilla extract, and 1 tablespoon (15 ml) oil.

Separately, with an electric mixer, whisk the egg whites with the salt, add the remaining powdered sugar, and whisk until stiff peaks form, and then fold into the batter by the spoonful, gently stirring from the bottom up.

In a pan, heat oil for frying.

Dip apple slices in the batter and then fry in the hot oil. Drain the fritters on paper towels.

In a small bowl, mix together the granulated sugar and cinnamon.

Coat both sides of the fritters in the sugar mixed with the cinnamon.

Fritelle di Mele

Persone 4

Preparazione
20 minuti

Tempo di cottura
3 minuti

Difficoltà
Media

Ingredienti
› 2 mele
› Succo di 1/2 limone
› 1 ¼ (150 g) di farina
› 6 ½ cucchiai (100) ml
  di latte o di birra
› 2 uova, separate
› ½ tazzina (62 g) di zucchero
  a velo
› ½ cucchiaino di estratto
  di vaniglia
› 1 cucchiaio (15 ml) di olio
  extravergine di oliva,
  più per friggere
› 1 pizzico di sale
› ¼ tazza (50 g) di zucchero
› 1 cucchiaio (7 g) di cannella

Sbucciare le mele, eliminare il torsolo e i semi e dividerle in fette spesse ¼ pollice (1,2 cm). Cospargerle poi di succo di limone e farle riposare per 10 minuti.

Nel frattempo preparare la pastella: versare la farina in una ciotola ed impastarla con il latte o con la birra finché non avrà raggiunto una consistenza omogenea. Unire a questa pasta i tuorli d'uovo, 1 cucchiaio (15 g) di zucchero vanigliato, estratto di vaniglia e 1 cucchiaio (15 ml) di olio.

Separatamente, montare a neve con un frullino elettrico gli albumi d'uovo con il sale, aggiungendo lo zucchero, quindi incorporare la spuma alla pastella a cucchiaiate, mescolando piano dal basso verso l'alto.

In una padella, scaldare l'olio per friggere.

Tuffare le fette di mela nella pastella e quindi friggerle nell'olio caldo. Asciugare le frittelle su carta assorbente.

In una ciotola, mescolare lo zucchero e la cannella.

Voltolare le frittelle nello zucchero unito alla cannella.

MELA VAL DI NON

Le mele qui sono utilizzate per fare moltissime preparazioni, primo fra tutte lo strudel, essendocene in abbondanza: ma la mia preferita è sicuramente questa che abbina la croccantezza della fetta di mela alla morbidezza della pastella, unendole con il sapore di dolce fritto che ne fa una vera delizia per il palato di grandi e piccini. Servirle con una salsa alla vaniglia, oppure con del gelato alla cannella.

Con i bimbi
Mela, pastella, mamma.
Mela, pastella, mamma.
Mela, pastella, mamma.
È una sequenza immancabile quando si preparano queste frittelline che devono essere ben imbevute di composto prima di essere fritte. E allora, via ai lavori. Loro lontani dall'olio bollente e voi al sicuro da mani impiastricciate.

Apples > *Mele*
Favorite > *Preferita*
Ice Cream > *Gelato*

Menus
I menu

**AN EVENING
WITH FRIENDS**
Trenette Pasta with
  Genovese Pesto
Saltimbocca
  alla Romana
Stuffed Peaches

WITH FISH
Stuffed Zucchini
Stockfish with
  Tomatoes
  and Potatoes
Heavenly Cake

COMFORTING
Basil Frittata
Milk-Braised
  Veal Roast
Corn Bread

HEARTY
Spaghetti Carbonara
Beef Rolls
Piedmontese
  Chocolate Pudding

A SATURDAY LUNCH
Roasted Potatoes,
  Onions, and
  Tomatoes
Milanese Breaded
  Veal Chop
Tiramisù

**A SUNDAY
WITH GRANDPARENTS**
Vermicelli with
  Tomato Sauce
Devil's Chicken
Apple Fritters

**UNA SERA
CON GLI AMICHETTI**
Trenette col pesto
  alla genovese
Saltimbocca
  alla romana
Pesche ripiene

CON IL PESCE
Zucchine ripiene
Piscistuoccu
  a missinisa
  (Stoccafisso con
  pomodoro e patate)
Torta paradiso

RASSICURANTE
Frittata al basilico
Vitello al latte
Pan de mej
  (Pan di miglio)

SOSTANZIOSO
Spaghetti alla
  carbonara
Involtini di manzo
Bunet (Budino
  alla piemontese)

IL SABATO A PRANZO
Patate, cipolle
  e pomodori in forno
Cotoletta alla milanese
Tiramisù

**LA DOMENICA
CON I NONNI**
Vermicelli
  col pomodoro
Pollo alla diavola
Frittelle di mele

Index

Amaretti
  Piedmontese Chocolate
    Pudding, 74
  Stuffed Peaches, 76
anchovies
  My Pizza, 16
  Veal in Tuna Sauce, 14
apples. *See* Apple Fritters, 88

baccalá. *See* Stockfish with
    Tomatoes and Potatoes, 60
beef
  Beef Rolls, 54
  Steak Pizzaiola, 58
  Stuffed Zucchini, 36
beef broth
  Rice and Parsley, 24
  Saffron Risotto, 26
bread
  Bruschetta, 80
  Corn Bread, 70
  Fried Mozzarella Sandwiches,
    84
  Meatballs in Tomato Sauce, 62
  Tuscan Tomato Bread Soup, 28
bread crumbs
  Beef Rolls, 54
  Milanese Breaded Veal Chop,
    46
  Potato Croquettes, 42
  Stuffed Zucchini, 36
  Veal Chops Valdostana, 64

caciocavallo cheese. *See* Potato
    Croquettes, 42
carrots
  Meatballs in Tomato Sauce, 62
  Stockfish with Tomatoes and
    Potatoes, 60
  Veal in Tuna Sauce, 14
celery
  Meatballs in Tomato Sauce, 62
  Stockfish with Tomatoes and
    Potatoes, 60
  Veal in Tuna Sauce, 14
chicken. *See* Devil's Chicken, 48
chickpea flour. *See* Panelle, 86
chocolate
  Piedmontese Chocolate
    Pudding, 74
  Stuffed Peaches, 76
cod. *See* Cod Marchigiana Style,
    52

crescenza cheese. *See* Cheese
    Focaccia, 12

eggs
  Apple Fritters, 88
  Basil Frittata, 82
  Beef Rolls, 54
  Corn Bread, 70
  Fried Mozzarella Sandwiches,
    84
  Heavenly Cake, 72
  Milanese Breaded Veal Chop,
    46
  Piedmontese Chocolate
    Pudding, 74
  Potato Croquettes, 42
  Potato Gnocchi, 20
  Spaghetti Carbonara, 30
  Stuffed Peaches, 76
  Stuffed Zucchini, 36
  Tiramisù, 68
  Veal Chops Valdostana, 64
  Veal in Tuna Sauce, 14

fish
  Cod Marchigiana Style, 52
  Stockfish with Tomatoes and
    Potatoes, 60
Fontina cheese. *See* Veal Chops
    Valdostana, 64

garlic
  Beef Rolls, 54
  Bruschetta, 80
  Cod Marchigiana Style, 52
  Milk-Braised Veal Roast, 50
  Spaghetti Carbonara, 30
  Steak Pizzaiola, 58
  Trenette, 22
  Tuscan Tomato Bread Soup, 28
  Veal in Tuna Sauce, 14
Grana Padano cheese
  Rice and Parsley, 24
  Saffron Risotto, 26
Grand Marnier. *See* Piedmontese
    Chocolate Pudding, 74
green beans. *See* Trenette, 22

mascarpone cheese. *See*
    Tiramisù, 68
mozzarella cheese
  Fried Mozzarella Sandwiches,
    84

Meatballs in Tomato Sauce, 62
My Pizza, 16
olives
  Meatballs in Tomato Sauce, 62
  Stockfish with Tomatoes and
    Potatoes, 60
onions
  Meatballs in Tomato Sauce, 62
  Peas with Italian Ham, 38
  Roasted Potatoes, Onions, and
    Tomatoes, 40
  Saffron Risotto, 26
  Stockfish with Tomatoes and
    Potatoes, 60
  Stuffed Zucchini, 36
  Veal in Tuna Sauce, 14
  Vermicelli with Tomato Sauce,
    32

pancetta
  Peas with Italian Ham, 38
  Spaghetti Carbonara, 30
Parmigiano Reggiano cheese
  Potato Gnocchi, 20
  Saffron Risotto, 26
  Spaghetti Carbonara, 30
  Stuffed Zucchini, 36
  Trenette, 22
  Vermicelli with Tomato Sauce,
    32
peaches. *See* Stuffed Peaches, 76
peas. *See* Peas with Italian Ham,
    38
Pecorino cheese
  Basil Frittata, 82
  Beef Rolls, 54
  Potato Croquettes, 42
  Roasted Potatoes, Onions, and
    Tomatoes, 40
  Trenette, 22
polenta. *See* Corn Bread, 70
potatoes
  Meatballs in Tomato Sauce, 62
  Potato Croquettes, 42
  Potato Gnocchi, 20
  Roasted Potatoes, Onions, and
    Tomatoes, 40
  Stockfish with Tomatoes and
    Potatoes, 60
  Trenette, 22
prosciutto
  Peas with Italian Ham, 38

Potato Croquettes, 42
Saltimbocca alla Romana, 56
Stuffed Zucchini, 36
Veal Chops Valdostana, 64

rice
  Rice and Parsley, 24
  Roasted Potatoes, Onions, and
    Tomatoes, 40
  Saffron Risotto, 26
ricotta cheese. *See* Tiramisù, 68

salad greens. *See* Beef Rolls, 54
spaghetti. *See* Spaghetti
    Carbonara, 30
stockfish. See Stockfish with
    Tomatoes and Potatoes,
    60

tomatoes
  Cod Marchigiana Style, 52
  Meatballs in Tomato Sauce, 62
  Roasted Potatoes, Onions, and
    Tomatoes, 40
  Steak Pizzaiola, 58
  Stockfish with Tomatoes and
    Potatoes, 60
  Tuscan Tomato Bread Soup, 28
  Vermicelli with Tomato Sauce,
    32
tomato paste. *See* Stuffed
    Zucchini, 36
tomato purée. *See* My Pizza, 16

veal
  Meatballs in Tomato Sauce, 62
  Milanese Breaded Veal Chop,
    46
  Milk-Braised Veal Roast, 50
  Saltimbocca alla Romana, 56
  Veal Chops Valdostana, 64
  Veal in Tuna Sauce, 14

wine
  Devil's Chicken, 48
  Milk-Braised Veal Roast, 50
  Saffron Risotto, 26
  Spaghetti Carbonara, 30
  Veal in Tuna Sauce, 14

zucchini. *See* Stuffed Zucchini,
    36

Indice

acciughe
  La mia pizza, 17
  Vitello tonnato, 15
aglio
  Bruschetta, 81
  Costata alla pizzaiola, 59
  Involtini di manzo, 55
  Merluzzo alla marchigiana, 53
  Pappa col pomodoro, 29
  Spaghetti alla carbonara, 31
  Trenette, 23
  Vitello al latte, 51
  Vitello tonnato, 15
amaretti
  Budino alla piemontese, 75
  Pesche ripiene, 77

baccalá. Vedere Stoccafisso con
    pomodoro e patate, 61
brodo di carne
  Riso e prezzemolo, 25
  Risotto alla milanese, 27

caciocavallo. Vedere Crocchette
    di patate, 43
carote
  Polpette al sugo, 63
  Stoccafisso con pomodoro
    e patate, 61
  Vitello tonnato, 15
cioccolato
  Budino alla piemontese, 75
  Pesche ripiene, 77
cipolle
  Patate, cipolle e pomodori in
    forno, 41
  Piselli al prosciutto, 39
  Polpette al sugo, 63
  Risotto alla milanese, 27
  Stoccafisso con pomodoro
    e patate, 61
  Vermicelli col pomodoro, 33
  Vitello tonnato, 15
  Zucchine ripiene, 37
concentrato di pomodoro.
    Vedere Zucchine ripiene, 37
crescenza. Vedere Focaccia al
    formaggio, 13

fagiolini. Vedere Trenette, 23
farina di ceci. Vedere Panelle,
    87

fontina. Vedere Costolette alla
    valdostana, 65
grana padano
  Riso e prezzemolo, 25
  Risotto alla milanese, 27
Gran Marnier. Vedere Budino
    alla piemontese, 75

insalate novelle. Vedere
    Involtini di manzo, 55

manzo
  Costata alla pizzaiola, 59
  Involtini di manzo, 55
  Zucchine ripiene, 37
mascarpone. Vedere Tiramisù,
    69
mele. Vedere Frittelle di mele,
    89
merluzzo. Vedere Merluzzo alla
    marchigiana, 53
mollica di pane
  Costolette alla valdostana, 65
  Cotoletta alla milanese, 47
  Crocchette di patate, 43
  Involtini di manzo, 55
  Zucchine ripiene, 37
mozzarella
  La mia pizza, 17
  Mozzarella in carrozza, 85
  Polpette al sugo, 63

olive
  Polpette al sugo, 63
  Stoccafisso con pomodoro
    e patate, 61

pancetta
  Piselli al prosciutto, 39
  Spaghetti alla carbonara, 31
pane
  Bruschetta, 81
  Mozzarella in carrozza, 85
  Pan di miglio, 71
  Pappa col pomodoro, 29
  Polpette al sugo, 63
parmigiano reggiano
  Gnocchi di patate, 21
  Risotto alla milanese, 27
  Spaghetti alla carbonara, 31
  Trenette, 23

Vermicelli col pomodoro, 33
  Zucchine ripiene, 37
passata di pomodoro. Vedere
    La mia pizza, 17
patate
  Crocchette di patate, 43
  Gnocchi di patate, 21
  Patate, cipolle e pomodori
    in forno, 41
  Polpette al sugo, 63
  Stoccafisso con pomodoro
    e patate, 61
  Trenette, 23
pecorino
  Crocchette di patate, 43
  Frittata al basilico, 83
  Involtini di manzo, 55
  Patate, cipolle e pomodori in
    forno, 41
  Trenette, 23
pesce
  Merluzzo alla marchigiana, 53
  Stoccafisso con pomodoro
    e patate, 61
pesche. Vedere Pesche
    ripiene, 77
piselli. Vedere Piselli al
    prosciutto, 39
polenta. Vedere Pan de mej, 71
pollo. Vedere Pollo alla
    diavola, 49
pomodori
  Costata alla pizzaiola, 59
  Merluzzo alla marchigiana, 53
  Pappa col pomodoro, 29
  Patate, cipolle e pomodori in
    forno, 41
  Polpette al sugo, 63
  Stoccafisso con pomodoro
    e patate, 61
  Vermicelli col pomodoro, 33
prosciutto
  Costolette alla valdostana, 65
  Crocchette di patate, 43
  Piselli al prosciutto, 39
  Saltimbocca alla romana, 57
  Zucchine ripiene, 37

ricotta. Vedere Tiramisù, 69
riso
  Patate, cipolle e pomodori
    in forno, 41

Riso e prezzemolo, 25
Risotto alla milanese, 27

sedano
  Polpette al sugo, 63
  Stoccafisso con pomodoro
    e patate, 61
  Vitello tonnato, 15
spaghetti. Vedere Spaghetti alla
    carbonara, 31
stoccafisso. Vedere Stoccafisso
    con pomodoro
    e patate, 61

uova
  Budino alla piemontese, 75
  Costolette alla valdostana, 65
  Cotoletta alla milanese, 47
  Crocchette di patate, 43
  Frittelle di mele, 89
  Frittata al basilico, 83
  Gnocchi di patate, 21
  Involtini di manzo, 55
  Mozzarella in carrozza, 85
  Pan de mej (Pan di miglio), 71
  Pesche ripiene, 77
  Spaghetti alla carbonara, 31
  Tiramisù, 69
  Torta paradiso, 73
  Vitello tonnato, 15
  Zucchine ripiene, 37

vino
  Pollo alla diavola, 49
  Risotto alla milanese, 27
  Spaghetti alla carbonara, 31
  Vitello al latte, 51
  Vitello tonnato, 15
vitello
  Costolette alla valdostana, 65
  Cotoletta alla milanese, 47
  Polpette al sugo, 63
  Saltimbocca alla romana, 57
  Vitello al latte, 51
  Vitello tonnato, 15

zucchine. Vedere Zucchine
    ripiene, 37

Acknowledgments
Ringraziamenti

This book would never have seen the light of day without the patience of Sibilla Milani, the vision of Jonathan Simcosky, and the efficiency of Mamma Licia.

A special thanks to all the staff at Quarry Books who believed in me and this intercontinental adventure.

Thanks to Fabio Zago, a tireless teacher of cooking and beauty, without whom my passion would never have blossomed.

And thank you to those who are always there and never tire of standing by me when I stay up until impossible hours to finish writing the day before a delivery, and to all those who came before. Alfio, you're my keenest reader, along with Mom, Daniela, and Dad, Mark—you always have the privilege of enjoying all of my kitchen "experiments."

Many thanks to all the great women who have given me their recipes and their wisdom in the kitchen: Grandma Ione, Grandma Giuseppina, Mrs. Castiglioni, and my mother-in-law, Mrs. Ina.

Questo libro non avrebbe mai visto la luce senza la pazienza di Sibilla Milani, la lungimiranza di Jonathan Simcosky, l'efficienza di Mamma Licia.

Un grazie speciale a tutto lo staff di Quarry Books che ha creduto in me e in questa avventura intercontinentale.

Grazie a Fabio Zago, instancabile insegnante di cucina e di bellezza, senza il quale la mia passione non sarebbe mai sbocciata.

E un grazie a chi c'è sempre, e non si stanca di starmi accanto quando scrivo fino ad ore impossibili il giorno prima della consegna, e tutti quelli precedenti. Alfio, sei il mio più acuto lettore, insieme a mamma Daniela e a papà Marco. A voi, come sempre, il privilegio di gustare tutte le mie 'prove' di cucina.

Grazie infinite a tutte le grandi donne che mi hanno regalato le loro ricette, e la loro sapienza in cucina: nonna Ione, nonna Giuseppina, la signora Castiglioni e mia suocera, la signora Ina.

About the Author
Sull'autore

Anna Prandoni, writer and journalist, has been working with food and wine for over 15 years with particular interest in the history of nutrition and its influence on Italian culture. She has been director of the cooking school "La Scuola della Cucina Italiana," web editor for www.lacucinaitaliana.it and director of La Cucina Italiana magazine, until March, 2015.

She was selected as Italian Ambassador in the network We Women for Expo, we.expo2015.org/it. Very active in the digital community, she is creative director of unaricettaalgiorno.it, of milanosecrets.it, and of the community-gathering project, my potluck.it. She teaches social-media strategy for foodies and participated in Social Media Week, Milan, 2015.

She also edited, for De Vecchi publishing house, a book series dedicated to the Healthy Kitchen, the Ethnic Kitchen, and books dedicated to Italian regional cooking. Since June 2015, she has been director of the Gualtiero Marchesi Academy.

Anna Prandoni, giornalista e scrittrice, si occupa da oltre quindici anni di enogastronomia, con particolare attenzione alla storia dell'alimentazione e alla sua influenza sulla cultura e sulla società italiane. Ha collaborato inoltre come ispettore alla Guida de "L'Espresso" e a Identità Golose. Dal 2000 ha diretto La Scuola de La Cucina Italiana, dal 2007 è stata web editor di www.lacucinaitaliana.it e ha sviluppato il segmento digital con app e social network, arrivando nel 2013 alla direzione della rivista La Cucina Italiana, che ha lasciato nel marzo 2015.

Dal 2014 è Ambassador del progetto We women for Expo, we.expo2015.org/it. Molto attiva nell'ambito digitale, è direttore creativo di unaricettalgiorno.it, di milanosecrets.it e del progetto di community gathering mypotluck. it e insegna social media strategy per il food. Ha partecipato come relatore alla Social Media Week Milano, 2015.

Ha inoltre curato, per la casa editrice De Vecchi, una collana dedicata alla cucina della salute, una collana dedicata alla cucina etnica e i volumi relativi alla cucina regionale italiana. Da giugno 2015, é Direttore dell'Accademia Gualtiero Marchesi.

Photograph: Riccardo Littieri; Styling: Beatrice Prada